新型职业农民
成长知识读本

惠农富民政策
简明读本

李俊开　编著

云南大学出版社
YUNNAN UNIVERSITY PRESS

图书在版编目（CIP）数据

惠农富民政策简明读本 / 李俊开编著. -- 昆明：
云南大学出版社, 2019
（新型职业农民成长知识读本）
ISBN 978-7-5482-3835-5

Ⅰ.①惠… Ⅱ.①李… Ⅲ.①农业政策–基本知识–
中国 Ⅳ.①F320

中国版本图书馆CIP数据核字(2019)第300319号

策　　划：朱　军
责任编辑：蔡小旭
封面设计：王婳一

新型职业农民
成长知识读本

惠农富民政策简明读本

李俊开　编著

出版发行：云南大学出版社
印　　装：昆明瑆煋印务有限公司
开　　本：787mm×1092mm　1/16
印　　张：11.5
字　　数：166千
版　　次：2019年12月第1版
印　　次：2019年12月第1次印刷
书　　号：ISBN 978-7-5482-3835-5
定　　价：39.00元

社　　址：昆明市一二一大街182号（云南大学东陆校区英华园内）
邮　　编：650091
发行电话：0871-65033244　65031071
网　　址：http://www.ynup.com
E-mail：market@ynup.com

若发现本书有印装质量问题，请与印厂联系调换，联系电话：0871-64167045。

目　录

第一章　乡村振兴战略

政策是农业发展的风向标，只有了解政策的走向，才能够准确把握农业发展脉络。党的十九大报告提出实施乡村振兴战略，首次将农业农村工作上升为国家战略，标志着我国乡村发展将进入一个崭新的阶段，也预示着一个以乡村振兴为基础的新时代即将到来。

政策背景

党的十九大报告指出，"三农"（农业、农村、农民）问题是关系国计民生的根本性问题，必须始终把解决好"三农"问题作为全党工作的重中之重，实施乡村振兴战略，把振兴乡村放在更加突出的位置。2018 年年初，《中共中央国务院关于实施乡村振兴战略的意见》出台。2018 年 9 月，中共中央、国务院印发了《乡村振兴战略规划（2018—2022 年）》，把乡村振兴作为战略来抓，重视程度前所未有，工作力度空前。

乡村兴则国家兴，乡村衰则国家衰。我国人民日益增长的美好生活需要和不平衡不充分的发展之间的矛盾在乡村最为突出。全面建成小康社会和全面建设社会主义现代化强国，最艰巨最繁重的任务在农村，最广泛最深厚的基础在农村，最大的潜力和后劲也在农村。实施乡村振兴战略，是解决新时代我国社会主要矛盾的迫切要求，也是实现"两个一百年"奋斗目标和中华民族伟大复兴中国梦的必然要求，具有重大现实意义和深远历史意义。实施乡村振兴战略是建设现代化经济体系的重要基础，是建设美丽中国的关键举措，是传承中华优秀传统文化的有效途径，是健全现代社会治理格局的固本之策，是实现全体人民共同富裕的必然选择。

目标任务

到 2020 年，乡村振兴的制度框架和政策体系基本形成，各地区各部门乡村振兴的思路举措得以确立，全面建成小康社会的目标如期实现。到 2022 年，乡村振兴的制度框架和政策体系初步健全，乡村振兴取得阶段性成果。

到 2035 年，乡村振兴取得决定性进展，农业农村现代化基本实现。农业结构得到根本性改善；城乡基本公共服务均等化基本实现，城乡融合发展体制机制更加完善；乡风文明达到新高度，乡村治理体系更加完善；农村生态环境根本好转，生态宜居的美丽乡村基本实现。

到 2050 年，乡村全面振兴，农业强、农村美、农民富全面实现。

战略要求

产业兴旺、生态宜居、乡风文明、治理有效、生活富裕。其中产业兴旺是重点，生态宜居是关键，乡风文明是保障，治理有效是基础，生活富裕是根本。

第一节　产业兴旺

一、政策来源

（1）《中共中央国务院关于实施乡村振兴战略的意见》

（2）《国家乡村振兴战略规划（2018—2022年）》

（3）《国务院办公厅关于推进奶业振兴保障乳品质量安全的意见》（国办发〔2018〕43号）

二、政策要点

1. 加快农业现代化步伐

提升农业装备和信息化水平，促进农机农艺融合。鼓励互联网企业建立产销衔接的农业服务平台，提高农业综合信息服务水平。大力发展数字农业，实施智慧农业工程和"互联网＋"现代农业行动。

2. 强化农业科技支撑

开展良种重大科研联合攻关，推动建设种业科技强国。加快农业科技成果转化应用。面向绿色兴农重大需求，加大绿色技术供给，加强集成应用和示范推广。

3. 推动农村产业深度融合

深入发掘农业农村的生态涵养、休闲观光、文化体验、健康养老等多种功能和多重价值，培育新产业新业态。深入实施电子商务进农村综合示范项目，加强农商互联，密切产销衔接，发展农超、农社、农企、农校等产销对接的新型流通业态，实施休闲农业和乡村旅游精品工程。

4. 实施质量兴农战略

深入推进农业绿色化、优质化、特色化、品牌化，推行标准化生产。大力发展绿色生态健康养殖，做大做强民族奶业。

5. 实施特色优势农产品出口提升行动，扩大高附加值农产品出口

深化与"一带一路"沿线国家和地区农产品贸易关系，积极支持农业走出去，扶持小农户发展生态农业、设施农业、体验农业、定制农业，提高产品档次和附加值。

6. 奶业振兴

（1）优化调整奶源布局。巩固发展东北和内蒙古产区、华北和中原产区、西北产区，打造我国黄金奶源带。积极开辟南方产区，稳定大城市周边产区。以荷斯坦牛等优质高产奶牛生产为主，积极发展乳肉兼用牛、奶水牛、奶山羊等其他奶畜生产，进一步丰富奶源结构。（2）发展标准化规模养殖。开展奶牛养殖标准化示范创建，支持奶牛养殖场改扩建、小区牧场化转型和家庭牧场发展，引导适度规模养殖。（3）加强良种繁育及推广。大力引进和繁育良种奶牛，打造高产奶牛核心育种群，建设一批国家核心育种场。（4）提高乳制品企业竞争力。依法淘汰技术、能耗、环保、质量、安全等不达标的产能，做强做优乳制品加工业。支持奶业全产业链建设，促进产业链各环节分工合作、有机衔接，有效控制风险。（5）建立现代乳制品流通体系。发展智慧物流配送，鼓励建设乳制品配送信息化平台，支持整合末端配送网点，降低配送成本。鼓励开拓"互联网＋"、体验消费等新型乳制品营销模式。支持低温乳制品冷链储运设施建设，制定和实施低温乳制品储运规范，确保产品安全与品质。

三、政策解读

在乡村振兴的总要求中，产业兴旺是重点，没有乡村产业的发展，乡村振兴就缺少了基础支撑。"经济基础决定上层建筑"，实施乡村振兴战略也不例外。必须通过产业发展来夯实乡村振兴的基础，让农民产生自我造血功能，让乡村振兴变得可持续。在《中共中央

国务院关于实施乡村振兴战略的意见》《国家乡村振兴战略规划（2018—2022年）》中，都把产业兴旺、发展产业放在突出位置，用很大篇幅来进行安排和部署，制定了发展乡村的重点任务清单，有针对性地给出了发展措施和具体办法，其重要性不言而喻。

1. 乡村振兴急需解决"谁来种田"的问题

当前，大量农村出现"空心化"现象，农村大量劳动力涌入城镇，使得"谁来种田"成为亟待解决的问题。与此同时，农村产业的"空心化"又导致大量耕地资源因撂荒而被浪费。因此，在乡村振兴的宏大工程中，只有激活产业并最终实现产业的振兴，才能真正实现乡村的振兴。

2. 产业兴旺重点要解决传统农业转型的问题

对农村来讲，产业兴旺要重点解决的是传统农业向现代农业的转型问题。要实现传统农业转型，既需要技术装备、科技、信息和人才，又需要补齐农村经济的发展要素。因此，在有条件、适合规模耕种的地区，鼓励使用现代农业生产装备，提升农业装备信息化水平，促进农机农艺融合，提高生产效率，降低生产成本；也鼓励发展数字农业，实施智慧农业工程和"互联网＋"现代农业行动，通过提升农业信息化水平，大幅节约人力成本，把富余劳动力转移出来从事其他产业，获取工资收入，达到增收增效的目的。同时也为农业走出去，深化与"一带一路"沿线国家和地区的农产品贸易创造了条件。

3. 产业兴旺要坚持绿色兴农和质量兴农

为了实现农业高质量发展，提高产品附加值，走绿色兴农和质量兴农之路成为必然，这不仅是适应我国不断壮大的中产阶级群体消费需求、推动农业供给侧结构性改革取得成效的现实选择，而且是贯彻新发展理念的关键举措，对推动农业发展有重要意义。针对农业长期作为基础产业，效益产值不高的问题，以及农产品长期作为原料供应的实际情况，《国家乡村振兴战略规划（2018—2022年)》和《中共中央国务院关于实施乡村振兴战略的意见》都给出了明确答案，就是要推动一、二、三产业融合，延伸产业链条，深入发掘农业农村的生态涵养、休闲观光、文化体验、健康养老等多种功能和多重价值，培育新产业新业态，把农业发展与乡村旅游结合起来，把农产品生产与加工结合起来，把农耕文化与休闲娱乐结合起来，创新发展模式，扶持小农户发展生态农业、设施农业、体验农业、定制农业。这些措施将极大地提高农产品的档次和附加值。

4. 未来农业发展机遇越来越多

随着国家经济的发展和乡村振兴战略的实施，农业越来越被重视，在未来从事农业致富的机会也将会越来越多。中国实现由农业大国向农业强国转变的步伐在加快，农业园区、特色产业村、粮食储备及流通、节水农业、数字农业、循环农业、农村电商、农产品品牌、农村金融服务、农村土地流转、农村新能源、农村物流、休闲农业、农业创业服务、农产品加工、农村文化产业等方面将给从事农业创业的人们带来发展机遇。

第二节 融合发展

一、政策来源

(1)《中共中央国务院关于实施乡村振兴战略的意见》
(2)《国家乡村振兴战略规划（2018—2022年)》

二、政策要点

1. 城乡融合

推动新型工业化、信息化、城镇化、农业现代化同步发展，加快形成工农互促、城乡互补、全面融合、共同繁荣的新型工农城乡关系。按照主体功能定位，推进"多规合一"，形成城乡融合发展的空间格局。因地制宜发展特色鲜明、产城融合、充满魅力的特色小镇和小城镇。加快城乡产业融合发展，建设发展城郊融合类村庄。

2. 一、二、三产业融合

以完善利益联结机制为核心，以制度、技术和商业模式创新为动力，推进农村一、二、三产业交叉融合。培育农业农村新产业新业态，打造农村产业融合发展新载体和新模式，推动要素跨界配置和产业有机融合。依托现代农业产业园、农业科技园区、农产品加工园等，打造农村产业融合发展的平台载体，促进农业内部融合、延伸农业产业链。加快培育一批"农字号"特色小镇，在有条件的地区建设培育特色商贸小镇，推动农村产业发展与新型城镇化相结合。发展乡村特色文化产业，推动文化、旅游与其他产业深度融合。

3. 利益机制融合

创新收益分享模式，健全联农带农有效激励机制，让农民更多分享产业融合发展的增值收益。鼓励农民以土地、林权、资金、劳动、技术、产品为纽带，开展多种形式的合作与联合。引导农村集体经济组织挖掘集体土地、房屋、设施等资源和资产潜力，依法通过股份制、合作制、股份合作制、租赁等形式，积极参与产业融合发展。

4. 发展方式融合

探索农林牧渔融合循环发展模式，恢复田间生物群落和生态链，建设健康稳定田园生态系统。推动农机农艺融合发展，提升农机装备水平。深化农业农村大数据创新应用，加快物联网、地理信息、智能设备等现代信息技术与农村生产生活的全面深度融合。加强农技推广人才队伍建设，探索公益性和经营性农技推广融合发展机制。建立产学研融合的农业科技创新联盟。

三、政策解读

1. 乡村振兴，融合发展很关键

长期以来，农村与城市相比，发展相对缓慢，这有体制机制的因素，也有产业融合不够的原因。城乡二元结构的长期存在，限制了农村人口的自由流动；农村发展资源缺乏、人才资源短缺、科技金融支持不够、政策支持不足制约农村的发展。总之，农村经济发展缓慢是因为城乡融合、发展方式融合不够。因此，实现乡村振兴，不是头痛医头、脚痛医脚的"小手术"，而是一个城乡融合、机制融合、发展方式融合、产业融合的综合性、系统性工程。

2. 城乡融合，关键在于如何实现要素的双向流动

未来将在推动新型工业化、信息化、城镇化、农业现代化同步发展的基础上构建形成工农互促、城乡互补、全面融合、共同繁荣

的新型工农城乡关系，彻底破除城乡二元结构，逐步补齐农村发展短板，深化城乡融合发展的体制机制改革，打通城乡要素资源流通渠道，激活农村发展资源，引导并支持城市发展要素向农村倾斜，打造特色鲜明、产城融合、充满魅力的特色小镇、小城镇、城郊融合类村庄。这些措施将给一些地区带来巨大发展机遇。

3. 发展方式融合，实现农业多元发展

除了城乡融合外，发展方式的融合也是至关重要的。如何转变农业发展方式，变单一发展为多元发展，变单独发展为融合发展，把一产、二产、三产有机结合起来，改变农产品长期作为工业原料供应的现状，实现农产品生产、加工、消费的深度融合，延伸产业链，提升产品附加值，甚至在有条件的地区，可以搞农旅结合，搞休闲体验采摘农业，有效地提高农民收入。目前，有些地区的一、二、三产业融合发展取得积极成效，其发展经验可供其他地区借鉴和参考。具体方式就是通过农业与商贸物流融合，催生出储藏保鲜、农超对接、个人定制等产业；通过农业与文化、教育、生态、健康、康养等产业的融合，催生出创意农业、教育农园等功能拓展类产业；通过农业与信息产业融合，催生出在线农业、智慧农业、众筹农业等，促进"互联网＋农业"的发展；通过农业与城镇的融合，催生出特色小镇、田园综合体等产城融合新业态，实现农旅结合，带动乡村旅游业的发展，实现农业发展动能的转换。

4. 建立利益分享的融合机制

融合发展除了城乡融合、发展方式融合外，《中共中央国务院关于实施乡村振兴战略的意见》《国家乡村振兴战略规划（2018—2022年)》提出了建立利益分享的融合机制，赋予农民更多政策性发展资源，使他们在国家经济社会发展中有更多的获得感和幸福感；还提出了在农业生产中鼓励农机农艺融合，提高生产效率，鼓励农业发展与大数据、物联网相结合，提高农业信息化水平。以上这些措施，虽然在各地的融合发展实践中由于资源禀赋不同，发展阶段各有差异，但促进城乡要素均衡流动，破除阻碍要素流动的体制机制障碍是共通的，只有解决好融合发展中人才从哪里来、怎么留得住人才，钱从哪里来、如何用在刀刃上等问题，乡村振兴之路才会越走越顺畅。

第三节　生态建设

一、农村生态综合治理

（一）政策来源

（1）《中共中央国务院关于实施乡村振兴战略的意见》

（2）《国家乡村振兴战略规划（2018—2022年)》

（二）政策要点

1. 生态保护

优化乡村生产生活生态空间，打造各具特色的现代版"富春山居图"。全面加强国家重点生态功能区保护，建立以国家公园为主体的自然保护地体系。加强对自然生态空间的整体保护，修复和改善乡村生态环境。实施乡村生态保护与修复重大工程，实施大规模国土绿化行动，推进荒漠化、石漠化、水土流失综合治理，实施生态清洁小流域建设，推进绿色小水电改造。实施生物多样性保护重大工程。加强野生动植物保护。全面推行河长制、湖长制。探索对居住在核心区域的农牧民实施生态搬迁试点。落实草原生态保护补助奖励政策，建立长江流域重点水域禁捕补偿制度。

2. 绿色发展

对青海、西藏等生态脆弱区域，坚持保护优先、限制开发，发展高原特色农牧业。建立以绿色生态为导向的农业补贴制度，提高农业补贴政策的指向性和精准性。推动形成农业绿色生产方式，实现投入品减量化、生产清洁化、废弃物资源化、产业模式生态化，提高农业可持续发展能力。推进农业绿色化、优质化、特色化、品牌化，推动农业由增产导向转向提质导向。推进特色农产品优势区创建。加强植物病虫害、动物疫病防控体系建设。优化养殖业空间布局，大力发展绿色生态健康养殖，做大做强民族奶业。加强农业绿色生态、提质增效技术的研发应用。加强农业投入品和农产品质量安全溯源体系建设。

3. 人居环境整治

加快推行乡村绿色发展方式，加强农村人居环境整治，实现百姓富、生态美的统一。坚持遵循乡村发展规律，扎实推进生态宜居的美丽乡村建设。推进农村"厕所革命"，大力开展农村户用卫生厕所建设和改造，同步实施粪污治理，加快实现农村无害化卫生厕所全覆盖。

4. 发展生态旅游

大力发展生态旅游、生态种养等产业，打造乡村生态产业链。

（三）政策解读

党的十八大报告提出了"经济建设、政治建设、文化建设、社会建设、生态文明建设"五位一体的总体布局。习近平总书记更是多次强调"绿水青山就是金山银山"。在乡村振兴规划和实施乡村振兴战略的意见中也是重点"着墨"，用了很大的篇幅来强调绿色发展，要求乡村振兴必须贯彻创新、协调、绿色、开放、共享的发展理念，推行绿色发展理念，转变依靠资源过度消耗的粗放型发展方式，加强生态保护和治理。国家出台了包括土壤修复、国土绿化、荒漠化治理、生物多样性保护、长江流域禁捕等一系列综合措施，目的就是通过强制性保护来恢复自然生态系统，增强生态资源的可持续发展能力。

1. 绿色发展是未来农业发展的出路

建立以绿色发展为导向的农业补贴制度，引导农业生产方式转型，减少农业生产中农药、化肥等消耗品的投入，提高农业的清洁化生产水平，通过农业废弃物资源化再利用，推广人畜粪便无害化处理、农作物秸秆资源化再利用技术，变废为宝，减少对环境的污染。发展循环农业，不仅能提高农产品附加值，卖出高价钱，还能使农民得到政府补助，实现经济效益与生态效益的双丰收。从补助方向来看，生态种植、养殖，农业绿色生态、提质增效技术的研发应用、农业投入品和农产品质量安全追溯体系的建设都是重点。农业生产企业可以朝这些方向去努力。

2. 坚持绿色发展，首先需要改善农村人居环境

在乡村振兴中，整治农村人居环境也是关键的一环。一段时间以来，一些农村地区由于生产方式、生活方式、生活习惯及环保设施缺乏等原因，柴草乱堆放，粪便到处排放，垃圾满天飞，人居环境亟待整治。推进"一池三改"，实施厕所革命就是关键，把沼气池建设与改厕、改圈、改灶结合起来，减少粪便对环境的污染，达到改善人居环境的目的。

随着各项环保措施的持续发力、农村环保建设的不断投入，清洁化绿色发展模式的推行，人们环保生态观念的提高，未来的乡村一定会是看得见青山、望得见绿水、记得住乡愁的地方。我们也相信，这些地区能把生态资源转化成发展资源，把绿叶子转化成红票子，实现生态环境保护与经济社会可持续发展的有机统一。

二、土壤保护及生态修复

（一）政策来源

（1）《农业农村部办公厅生态环境部办公厅关于进一步做好受污染耕地安全利用工作的通知》

（2）《农业农村部财政部发布 2019 年重点强农惠农政策》

（3）《国务院关于印发土壤污染防治行动计划的通知》（国发〔2016〕31 号）

（二）政策要点

1. 耕地保护政策

（1）落实受污染耕地安全利用任务。安全利用类措施主要为农艺调控类措施，包括低吸收品种替代、调节土壤酸度、开展水肥调控等。治理修复类措施是在农艺调控的基础上，进一步实施土壤调理、开展原位钝化、实施生物修复等。

（2）建设受污染耕地安全利用集中推进区。根据全国农产品产地土壤重金属污染普查结果，各省在本行政区域内的耕地污染集中连片地区，建设受污染耕地安全利用集中推进区（包括安全利用、严格管控和治理修复），不少于本省土壤污染防治责任书目标任务的 10%。

（3）强化重金属等污染源管控。深入推进涉镉等重金属重点行

业企业排查整治，打击非法排污，切断镉等重金属污染物进入农田的途径。对于难以有效切断重金属污染途径，且土壤重金属污染严重、农产品重金属超标问题突出的耕地，各地农业农村部门应当加快实施种植结构调整或退耕还林还草等严格管控措施，降低农产品污染超标风险。持续推进化肥、农药减量增效，大力治理白色污染，加强秸秆资源化利用，推进畜禽粪污资源化利用，促进养殖生产清洁化和产业模式生态化。

（4）推进耕地土壤环境质量类别划分。综合考虑利用方式、地形地貌、污染程度、集中连片度等因素，以乡镇为单元，结合实际情况和相关技术规范，统筹开展耕地土壤环境类别划分，按照"土十条"要求全面划分为优先保护、安全利用和严格管控三个类别，整县推进。

（5）资金筹措。加快建立以绿色生态为导向的农业补贴制度，加大资金支持力度。充分发挥财政资金的引导功能，创新资金筹集方式，完善多元化投融资机制，因地制宜探索通过政府购买服务、第三方治理、政府和社会资本合作（PPP）、事后补贴等形式，吸引社会资本主动投资参与耕地污染治理修复工作，建立健全耕地污染治理修复社会化服务体系；要创新金融、保险、税收等支持政策，对开展耕地污染治理的农业经营主体或市场主体优先实施信用担保、贴息贷款或税收减免，完善耕地污染防治保险产品和服务。

2. 污染源治理政策

（1）地膜回收利用。支持建立健全废旧地膜回收加工体系，建立经营主体上交、专业化组织回收、加工企业回收、以旧换新等多种方式的回收利用机制，并探索"谁生产、谁回收"的地膜生产者责任延伸制度。

（2）重金属污染耕地的综合治理。加强产地与产品重金属监测，推广 VIP（品种替代、灌溉水源净化、pH 值调节）等污染耕地安全利用技术模式，探索可复制、可推广的污染耕地安全利用模式。推行种植结构调整，实施耕地休耕试点。

3. 土壤污染防治政策

（1）开展土壤污染调查，掌握土壤环境质量状况。以农用地和重点行业企业用地为重点，开展土壤污染状况详查，2020年底前掌握重点行业企业用地中的污染地块分布及其环境风险情况。建立土壤环境质量状况定期调查制度，每10年开展1次。整合优化土壤环境质量监测点位，可根据工作需要，补充设置监测点位，增加特征污染物监测项目，提高监测频次。2020年底前，实现土壤环境质量监测点位所有县（市、区）全覆盖。

（2）推进土壤污染防治立法，建立健全法规标准体系。全面强化监管执法。重点监测土壤中镉、汞、砷、铅、铬等重金属和多环芳烃、石油烃等有机污染物，重点监管有色金属矿采选、有色金属冶炼、石油开采、石油加工、化工、焦化、电镀、制革等行业，以及产粮（油）大县、地级以上城市建成区等区域。

（4）加大执法力度。严厉打击非法排放有毒有害污染物、违法违规存放危险化学品、非法处置危险废物、不正常使用污染治理设施、监测数据弄虚作假等环境违法行为。开展重点行业企业专项环境执法，对严重污染土壤环境、群众反映强烈的企业进行挂牌督办。

（4）实施农用地分类管理，保障农业生产环境安全。按污染程度将农用地划为三个类别，未污染和轻微污染的划为优先保护类，轻度和中度污染的划为安全利用类，重度污染的划为严格管控类，以耕地为重点，分别采取相应管理措施，保障农产品质量安全。

（5）切实加大保护力度。各地要将符合条件的优先保护类耕地划为永久基本农田，实行严格保护，确保其面积不减少、土壤环境质量不下降，除法律规定的重点建设项目选址确实无法避让外，其他任何建设不得占用。产粮（油）大县要制定土壤环境保护方案。高标准农田建设项目向优先保护类耕地集中的地区倾斜。推行秸秆还田、增施有机肥、少耕免耕、粮豆轮作、农膜减量与回收利用等措施。继续开展黑土地保护利用试点。

（6）着力推进安全利用。根据土壤污染状况和农产品污染超标情况，安全利用类耕地集中的县（市、区）要结合当地主要作物品种和种植习惯，制定实施受污染耕地安全利用方案，采取农艺调控、替代种植等措施，降低农产品污染超标风险。强化农产品质量检测。加强对农民、农民合作社的技术指导和培训。到2020年，轻度和中度污染耕地实现安全利用的面积达到4000万亩。

（7）全面落实严格管控。加强对严格管控类耕地的用途管理，依法划定特定农产品禁止生产区域，严禁种植食用农产品；制定实施重度污染耕地种植结构调整或退耕还林还草计划。实行耕地轮作休耕制度试点。到2020年，重度污染耕地种植结构调整或退耕还林还草面积力争达到2000万亩。

（8）严格控制林地、草地、园地的农药使用量，禁止使用高毒、高残留农药。完善生物农药、引诱剂管理制度，加大使用推广力度。优先将重度污染的牧草地集中区域纳入禁牧休牧实施范围。加强对重度污染林地、园地产出食用农（林）产品质量检测，发现超标的，要采取种植结构调整等措施。

（9）强化未污染土壤保护，严控新增土壤污染。组织开展土壤环境质量状况评估；不符合相应标准的，不得种植食用农产品。推动盐碱地土壤改良。排放重点污染物的建设项目，在开展环境影响评价时，要增加对土壤环境影响的评价内容，并提出防范土壤污染的具体措施。禁止在居民区、学校、医疗和养老机构等周边新建有色金属冶炼、焦化等企业。

4. 加强污染源监管，做好土壤污染预防工作

（1）严防矿产资源开发污染土壤。自2017年起，内蒙古、江西、河南、湖北、湖南、广东、广西、四川、贵州、云南、陕西、甘肃、新疆等省（区）矿产资源开发活动集中的区域，执行重点污染物特别排放限值。

（2）加强涉重金属行业污染防控。制定涉重金属重点工业行业清洁生产技术推行方案，鼓励企业采用先进适用生产工艺和技术。2020年重点行业的重点重金属排放量要比2013年下降10%。

（3）加强工业废物处理处置。加强工业固体废物综合利用。对电子废物、废轮胎、废塑料等再生利用活动进行清理整顿，引导有关企业采用先进适用加工工艺、集聚发展，集中建设和运营污染治理设施，防止污染土壤和地下水。

（4）控制农业污染。合理使用化肥农药。鼓励农民增施有机肥，减少化肥使用量。科学施用农药，推行农作物病虫害专业化统防统

治和绿色防控，推广高效低毒低残留农药和现代植保机械。加强农药包装废弃物回收处理，推行农业清洁生产。严禁将城镇生活垃圾、污泥、工业废物直接用作肥料。到 2020 年，全国主要农作物化肥、农药使用量实现零增长，利用率提高到 40% 以上，测土配方施肥技术推广覆盖率提高到 90% 以上。

（5）加强废弃农膜回收利用。严厉打击违法生产和销售不合格农膜的行为。建立健全废弃农膜回收贮运和综合利用网络，开展废弃农膜回收利用试点。

（6）强化畜禽养殖污染防治。严格规范兽药、饲料添加剂的生产和使用，防止过量使用，促进源头减量。加强畜禽粪便综合利用，在部分生猪大县开展种养业有机结合、循环发展试点。鼓励支持畜禽粪便处理利用设施建设，到 2020 年，规模化养殖场、养殖小区配套建设废弃物处理设施比例达到 75% 以上。

（7）加强灌溉水水质管理。开展灌溉水水质监测。灌溉用水应符合农田灌溉水水质标准。对因长期使用污水灌溉导致土壤污染严重、威胁农产品质量安全的，要及时调整种植结构。

（8）减少生活污染。建立村庄保洁制度，推进农村生活垃圾治理，实施农村生活污水治理工程。整治非正规垃圾填埋场。深入实施"以奖促治"政策，扩大农村环境连片整治范围。

（三）政策解读

"产业兴旺、生态宜居、乡风文明、治理有效、生活富裕"是乡村振兴战略的总要求，其中产业兴旺、生态宜居都和生态建设有关，生态建设对乡村振兴的重要性不言自明。没有安全的土壤，种不出安全的粮食、蔬菜、水果；没有干净的水源，难以保证所灌溉的农产品不受污染，也难以保障人畜禽的饮水安全。这是产业兴旺的首要条件。同样，没有安全清洁的土壤、空气、水源，生态宜居就是一句空话，难以实现。因此，在乡村振兴中，加强土壤、水源、空气的保护，加强污染预防和治理十分关键。

1. 治理土地污染问题将有法可依

2019 年在农业农村部办公厅、生态环境部办公厅下发的《关于进一步做好受污染耕地安全利用工作的通知》和农业农村部、财政部发布的《2019年重点强农惠农政策》中，都将土地污染的预防、保护和治理作为重要内容。关于未污染的土地要提前预防，加强污染源普查和点位监测，做好化工类企业的生产布局，严防这些土地受到重金属的污染，加强地膜回收、减少和降低农药化肥施用，强化人畜粪便和秸秆的无害化处理，降低受污染风险；对已经被污染的土地，设立禁耕、禁种区，同时通过退耕还草、还林等方式进行综合利用，不断恢复土地的地力和生产能力。

《中华人民共和国土壤污染防治法》自2019年1月1日起施行，以后污染土地将会受到法律的约束，这将有利于有去保护我们的土地，避免污染。

2. 土壤污染治理技术迎来新的发展机遇

土壤污染治理是一项难度大、成本高、恢复时间长的生态治理项目，土壤一旦被污染，很难恢复。因此，我们必须高度重视土壤的保护工作，尤其是重金属污染，从源头上抓好污染源的管控，合理划定化工企业生产区域，强化配套设施建设，提高违规排放成本，切实把可能造成土壤污染的重金属来源管控好。作为农业生产者，也应加强土地的保护意识，降低农药化肥施用量，推行清洁化生产，以质量提高来代替数量增加，可持续地综合利用土地。作为消费者，应掌握和提高农产品安全常识，通过市场购买行为来倒逼农业生产者加强土壤保护，生产出更多高品质农产品。国家大力支持企业和科研机构开展土地保护、土壤改良及修复技术研发和集成应用，支持开展农膜、农作物秸秆的清洁化利用，这对土壤保护研究运用的企业和科研机构是一项好政策，它们不仅能得到有关部门的政策支持和补贴，还能在实现创业的同时推动生态环境的改善，为人类生态文明建设作出贡献。

第四节 农村实用人才培养

一、政策来源

（1）《中共中央国务院关于实施乡村振兴战略的意见》

（2）《国家乡村振兴战略规划（2018—2022年）》

二、政策要点

1. 培养乡土人才

挖掘、培养乡土文化本土人才，建设一批特色鲜明、优势突出的农耕文化产业展示区，积极开发传统节日文化用品和武术、戏曲、舞龙、舞狮、锣鼓等民间艺术、民俗表演项目，促进文化资源与现代消费需求有效对接。支持乡村文化能人队伍建设，培养一支懂文艺、爱农村、爱农民、专兼职相结合的农村文化工作队伍。

2. 培育新型职业农民

实施新型职业农民培育工程，全面建立职业农民制度，培养新一代爱农业、懂技术、善经营的新型职业农民，优化农业从业者结构。加强农技推广人才队伍建设，允许农技人员通过提供增值服务合理取酬，全面实施农技推广服务特聘计划。加强涉农院校和学科专业建设，大力培育农业科技、科普人才，深入实施农业科研杰出人才计划和杰出青年农业科学家项目，深化农业系列职称制度改革。鼓励社会人才投身乡村建设。以乡情乡愁为纽带，引导和支持企业家、党政干部、专家学者、医生教师、规划师、建筑师、律师、技能人才等，通过下乡担任志愿者、投资兴业、行医办学、捐资捐物、法律服务等方式服务乡村振兴事业，允许符合要求的公职人员回乡任职。继续实施"三区"（边远贫困地区、边疆民族地区和革命老区）人才支持计划，深入推进大学生村官工作，因地制宜实施"三支一扶"、高校毕业生基层成长等计划，开展乡村振兴"巾帼行动"、青春建功行动。建立城乡、区域、校地之间人才培养合作与交流机制。全面建立城市医生教师、科技文化人员等定期服务乡村机制。

三、政策解读

1. 人才下乡政策释放的红利，为下乡创业提供良好机遇

国家大力支持乡村企业发展，乡村企业发展享受国家政策红利。近几年来，不少人回乡创业，取得了非常好的成绩，不但自己致富，而且还让当地获得飞速发展。目前，很多地方为了吸引人才和投资，

都制定了非常优惠的政策，提供了优厚的创业条件，为人才下乡创业提供了很好的机遇。当然，为了促进农村新业态的"异军突起"，还应该在人才培养上下工夫。现有的美丽乡村建设、乡村旅游建设不能盲目地套用城市的发展理念，乡村建设迫切需要高等学校、职业院校开设乡村规划建设、乡村住宅设计等相关专业和课程，培养一批专业人才，扶持一批乡村工匠。

2. 未来农村是人才施展才华的大舞台

人才匮乏一直是制约农村发展的最大短板，相较于其他发展要素，人才资源是最为稀缺、最为活跃，也是培养成本最高、发展最不可缺少的关键因素。俗话说："种好梧桐树，引来金凤凰。"很长时间以来，农村地区由于发展资源缺乏、发展难度大、效益低、投资大、见效慢等原因，很难吸引到人才，这是不争的事实。近些年大量年轻人、有文化的青壮年劳动力外出打工，谁来种地、怎么种地受到社会高度关注。党的十九大报告提出，要全面实施新型职业农民制度，为乡村振兴提供人才支撑。习近平总书记在2017年参加四川代表团审议时也强调要就地培养更多爱农业、懂技术、善经营的新型职业农民。人才因素对实施乡村振兴战略的重要性不言而喻。如何解决农村人才问题是实施乡村振兴战略的重中之重。针对这一问题，《中共中央国务院关于实施乡村振兴战略的意见》《国家乡村振兴战略规划（2018—2022年）》提出要挖掘、培养乡土文化本土人才，培养一支懂文艺、爱农村、爱农民、专兼职相结合的农村文化工作队伍，通过他们来带动当地文化事业的发展和繁荣，这既是切合实际的现实选择，也是实现乡风文明的有效途径。另外，提出了大力培育新型职业农民，实施职业农民制度。通过政策的扶持和补助，让有意愿把种地当成事业的农民成长起来，成为农业发展和农业生产的主力军，提高职业农民证书含金量，让农民成为体面的职业，让农业成为有奔头、有发展的产业。

当然，乡村振兴是全方位的振兴，需要的人才也是多方面的，因此，把各种人才引入农村参与到农村经济社会发展和乡村振兴中将是一个系统工程，不可能一蹴而就或者短期完成，得有定力和耐心。随着农村基础设施的不断改善，支持农村发展的政策越来越多，含金量越来越足，加之在农村创业成本低、门槛不高等优势，一些刚毕业的大学生回乡创业的意愿越来越强烈，还有一些外出打工的农民在外学到了技术、赚到钱后也愿意回到家乡办厂兴业。农村发展的人才要素、资源要素都在逐渐汇聚，未来的农村将大有可为。

第五节　美丽乡村建设

一、美丽乡村创建活动

（一）政策来源

《农业部办公厅关于开展"美丽乡村"创建活动的意见》（农办科〔2013〕10号）

（二）政策要点

1. "美丽乡村"创建工作的总体思路和基本原则

建设一批天蓝、地绿、水净，安居、乐业、增收的"美丽乡村"，坚持"以人为本，强化主体。生态优先，科学发展。规划先行，因地制宜。典型引路，整体推进"的基本原则。

2. "美丽乡村"创建的重点工作

（1）加大关键技术研发力度，加强农业科技合作交流与协同创新，尽快推出一批生态农业建设、农业面源污染防治、农产品产地污染修复、农业清洁生产等新技术、新成果。

（2）加大农业生态环境保护力度。大力发展生态农业、循环农业，引导农民采用减量化、再利用、资源化的农业生产方式。实施农村清洁工程，推进人畜粪便、生活垃圾、污水等农村废弃物资源化利用。加强农产品产地土壤重金属污染综合防治，加大农业清洁生产示范，推广一批节肥、节药、节水、节能的绿色农业生产技术。

（3）推动农村可再生能源发展。集成推广农村沼气等技术和产品，增加清洁能源供应，保护和改善农村生态环境，推进农村生态文明建设。

（4）大力发展健康向上的农村文化。挖掘当地传统文化，发扬光大团结友爱、互帮互助、尊老爱幼等中华传统美德，倡导资源节约、环境友好型生产方式和生活方式，推动农村书屋、农民书架、文化大院等文体设施建设工作，大力普及科学技术，破除封建迷信，引导广大农民养成爱科学、学技术的良好习惯。

（三）政策解读

乡村潜能的激发和乡村价值的释放，需要构建一个新时代的乡村空间、田园社区，通过"社区营造"构建一个符合原住民和新村民共同利益的共同体，把乡村空间、田园社区构建成新时代新型乡村，形成"未来乡村社区"模式。未来乡村社区是符合生产、生活、创业、创新、休闲、文教、消费、社交等功能的自由、开放、共享、联结的无边界融合空间。

二、农村人居环境整治

（一）政策来源

《农村人居环境整治三年行动方案》

（二）政策要点

1. 推进农村生活垃圾治理

统筹考虑生活垃圾和农业生产废弃物利用、处理。重点整治垃圾山、垃圾围村、垃圾围坝、工业污染"上山下乡"。

2. 开展厕所粪污治理

合理选择改厕模式，推进厕所革命。普及不同水平的卫生厕所。引导农村新建住房配套建设无害化卫生厕所，人口规模较大村庄配套建设公共厕所。加强改厕与农村生活污水治理的有效衔接。鼓励各地结合实际，将厕所粪污、畜禽养殖废弃物一并处理并资源化利用。

3. 梯次推进农村生活污水治理

积极推广低成本、低能耗、易维护、高效率的污水处理技术，鼓励采用生态处理工艺。加强生活污水源头减量和尾水回收利用。以房前屋后河塘沟渠为重点实施清淤疏浚，采取综合措施恢复水生态，逐步消除农村黑臭水体。

4. 提升村容村貌

加快推进通村组道路、入户道路建设，整治公共空间和庭院环境，消除私搭乱建、乱堆乱放。大力提升农村建筑风貌，突出乡土特色和地域民族特点。加大传统村落民居和历史文化名村名镇保护力度，弘扬传统农耕文化，提升田园风光品质。推进村庄绿化，充分利用闲置土地，组织开展植树造林、湿地恢复等活动，建设绿色生态村庄。完善村庄公共照明设施。

5. 加强村庄规划管理

推进实用性村庄规划编制实施，做到农房建设有规划管理、行政村有村庄整治安排、生产生活空间合理分离，优化村庄功能布局，实现村庄规划管理基本覆盖。

（三）政策解读

1. 乡村人居环境存在的问题

在很多人的印象里，农村就应该是山清水秀、村庄整洁、庭院干净、没有喧嚣的"世外桃源"，既有田园美、自然美，也有传统美。但实际上，很多地区的农村由于各种各样的因素，农村人居环境不容乐观，离美丽乡村的要求尚远。比如，有些地方植被破坏严重，到处裸露着石头和地表，尘土随风飞扬；村庄毫无规划，房子沿路而建，不仅没有美感，甚至还影响到车辆通行；生活垃圾没有固定收集设施，柴草乱堆乱放，人畜粪便流得到处都是，等等。当然，这不是所有村庄的现状，但是有不少村落确实存在这些问题，打造美丽乡村，加强村庄人居环境整治必不可少。

2. 因地制宜，整治农村人居环境

认真分析造成上述乡村人居环境问题的原因，既有自然条件、经济发展的原因，也有发展方式的落后和生活习惯的不文明等原因。要改变不好的现状，还得从一点一滴做起，要在村庄规划上下功夫，在村庄管网建设上下功夫，在村庄经济建设和社会保障上下功夫，在村民文化教育和文明素质培养上下功夫，多措并举，切实改善农村人居环境。

三、美丽乡村文化保护

（一）政策来源

（1）《乡村振兴战略规划（2018—2022 年）》

（2）《中共中央国务院关于建立健全城乡融合发展体制机制和政策体系的意见》

（二）政策要点

1. 繁荣发展乡村文化

加强农村思想道德建设，践行社会主义核心价值观，巩固农村思想文化阵地，倡导诚信道德规范。

2. 弘扬中华优秀传统文化

保护利用乡村传统文化，重塑乡村文化生态，发展乡村特色文化产业。

3. 丰富乡村文化生活

健全公共文化服务体系，增加公共文化产品和服务供给，广泛开展群众文化活动。

4. 建立乡村文化保护利用机制

立足乡村文明，吸取城市文明及外来文化优秀成果，推动乡村优秀传统文化创造性转化、创新性发展。推动优秀农耕文化遗产保护与合理适度利用。发展特色文化产业。创新传统工艺振兴模式，发展特色工艺产品和品牌。鼓励乡村建筑文化传承创新，强化村庄建筑风貌规划管控。培育、挖掘乡土文化本土人才，引导企业积极参与，显现乡村文化价值。

（三）政策解读

1. 培育乡土人才，挖掘传统手工技艺

中国有着悠久的历史和灿烂的文明，为人类文明做出了重要贡献。近年来，很多乡村在美丽乡村建设中，大力培育乡土人才，挖掘传统手工技艺，加大了村落老房老宅的保护，涌现出了一大批有民族特色的村寨和村庄，吸引了很多游客前来参观和旅游，农民的收入得到大幅增加，实现了传统农业向乡村旅游的转变，这给其他有类似条件的村庄提供了借鉴。

2. 注重文化保护和创新

实际上，在文化保护与创新方面，可以切入的点很多，每个村庄应立足实际，具体问题具体分析，比如在有传统美食的村寨可以在饮食文化上做文章，在有种植特色或盛产地理标志特色农产品的地方可以依托种植技术、加工工艺搞农耕文明，等等。其他地方的模式可以借鉴，但方法不能照搬照抄，要把自己与众不同的特点和亮点打造出来。

四、乡村规划

（一）政策来源

《中共中央国务院关于加快推进生态文明建设的意见》

（二）政策要点

加快美丽乡村建设。完善县域村庄规划，强化规划的科学性和约束力。加强农村基础设施建设，强化山水林田路综合治理，加快农村危旧房改造，支持农村环境集中连片整治，开展农村垃圾专项治理，加大农村污水处理和改厕力度。加快转变农业发展方式，推进农业结构调整，大力发展农业循环经济，治理农业污染，提升农产品质量安全水平。依托乡村生态资源，在保护生态环境的前提下，加快发展乡村旅游休闲业。引导农民在房前屋后、道路两旁植树护绿。加强农村精神文明建设，以环境整治和民风建设为重点，扎实推进文明村镇创建。

（三）政策解读

建设美丽乡村，生态建设是一项特别重要的内容。没有人愿意去一个尘土飞扬、垃圾满地、满眼苍黄、毫无生机的地方，更别说去旅游、去休闲、去消费了。因此，在《中共中央国务院关于加快推进生态文明建设的意见》中，把生态文明建设放在了村庄建设的重要位置。村庄的生态建设，资金必不可少，这也是关键的要素。但是，作为村民自己能做的事情有很多，比如，不再乱砍滥伐，减少森林破坏，不盲目开荒种地，保护现有植被，实施秸秆还田，不烧荒烧地，减少空气污染，降低火灾隐患，这些小事都是在搞生态文明建设。除此之外，努力培养文明干净的生活习惯，不乱堆乱放乱倒垃圾，经常打扫自家院子，保持院落整洁。有意识地在房前屋后种植点果树，既美化了环境，增加了绿色，提升了居住环境，又能实现水果自给，一举多得。

虽然建设美丽乡村是一个系统工程，涉及方方面面，但是我们每个人都可以从自己做起，从小事做起，培养习惯、践行文明。其实，在生态文明建设中我们每个都可以做很多，而不是毫无作为。

五、示范村创建

（一）政策来源

《住房城乡建设部等部门关于开展改善农村人居环境示范村创建活动的通知》（建村〔2016〕274号）

（二）政策要点

1. 保障基本示范村

应实现三个基本保障：有基本安全保障，完成农村危房改造任务，有基本防灾减灾设施和措施；有基本生活保障，供水、道路、用电等满足日常生活需求；有基本卫生保障，人畜实现分离居住，消除蚊蝇鼠蟑危害。

2. 环境整治示范村

应完成村庄环境整治，在以下三方面取得成效：污染有效控制，实现农村垃圾全面收运、有效处理并长效保持；无非正规垃圾堆放点，生活污水处理覆盖60%以上常住居民且稳定运行，90%以上农户及公共场所使用卫生厕所；公共环境整洁，公共空间和农户庭院整洁且普遍绿化，坑塘河道消除黑臭水体并保持干净，无乱堆乱放；管理规范有序，已编制村庄规划或制定村庄整治方案，农房建设有管控，基本消除私搭乱建，村规民约管用。

3. 美丽宜居示范村

美丽宜居示范村应达到《美丽乡村建设指南》（GB/T 32000—2015）、《财政部关于进一步做好美丽乡村建设工作的通知》（财农〔2016〕107号）、《住房城乡建设部办公厅关于开展2016年美丽宜居小镇、美丽宜居村庄示范工作的通知》（建办村函〔2016〕827号）和《农业部办公厅关于开展中国美丽休闲乡村推介工作的通知》（农办加〔2016〕8号）等相关国家标准的要求。

（三）政策解读

开展美丽乡村示范村创建，既是打造美丽乡村示范样板，也是建设美丽乡村的重要方式，可供其他地方借鉴。通过创建示范，摸索和完善美丽乡村建设的政策措施和管理经验，提高其他地区创建工作的积极性和主动性，在美丽乡村建设中发挥重要作用。我们常说，向先进学习，向模范看齐，说的就是通过学习，使自己能不断向先进模范靠拢，得到提高。开展美丽乡村示范村创建实际上发挥的是一种榜样力量。时至今日，全国很多地区有一些特色鲜明、亮点突出、发展较好的美丽乡村样板，有志于想创建美丽乡村的地区可以去参观学习、考察借鉴一下，他山之石可以攻玉，让自己在创建美丽乡村的过程中少走弯路。

六、乡村生态建设

（一）政策来源

《乡村振兴战略规划（2018—2022年）》

（二）政策要点

牢固树立和践行绿水青山就是金山银山的理念，坚持尊重自然、顺应自然、保护自然，统筹山水林田湖草系统治理，加快转变生产生活方式，推动乡村生态振兴，建设生活环境整洁优美、生态系统稳定健康、人与自然和谐共生的生态宜居美丽乡村。

1. 推进农业绿色发展

强化资源保护与节约利用，推进农业清洁生产，集中治理农业环境突出问题。

2. 持续改善农村人居环境

加快补齐突出短板，着力提升村容村貌，建立健全整治长效机制。

3. 加强乡村生态保护与修复

实施重要生态系统保护和修复重大工程，健全重要生态系统保护制度，健全生态保护补偿机制，发挥自然资源多重效益。

（三）政策解读

在 2013 年召开的中央农村工作会议上，习近平总书记强调，中国要强，农业必须强；中国要富，农民必须富；中国要美，农村必须美。建设美丽中国，必须建设好"美丽乡村"。党的十八大报告明确提出要"把生态文明建设放在突出位置，融入经济建设、政治建设、文化建设、社会建设各方面和全过程，努力建设美丽中国，实现中华民族永续发展"。关于美丽乡村建设，习近平总书记有一系列重要讲话和论述，譬如，"要依托现有山水脉络等独特风光，让城市融入大自然；让居民望得见山、看得见水、记得住乡愁。"这一经典论述，为全国开展美丽乡村建设指明了方向。

自 2014 年以来，全国各地在开展美丽乡村建设中取得了积极成效，打造了一大批美丽、富饶、文明、和谐、生态、有特色的美丽乡村，积累了丰富经验，这与国家的重视是分不开的。2015 年，中华人民共和国国家质量监督检验检疫总局、中国国家标准化管理委员会发布了《美丽乡村建设指南》，将美丽乡村定义为经济、政治、文化、社会和生态文明协调发展，规划科学、生产发展、生活宽裕、乡风文明、村容整洁、管理民主，宜居、宜业的可持续发展乡村（包括建制村和自然村）。从这个定义不难看出，美丽乡村与十六届五中全会提出建设"生产发展、生活富裕、乡风文明、村容整洁、管理民主"的社会主义新农村，党的十九大提出"产业兴旺、生态宜居、乡风文明、治理有效、生活富裕"的乡村振兴思路是一脉相承的。美丽乡村建设的内容涉及村庄规划、村庄建设、生态环境、经济发展、公共服务、乡风文明、基础治理等方方面面，建设要素多，标准高，可以说美丽乡村是集政治、经济、文化、生态于一体的田园乡村。

在乡村振兴背景下，美丽乡村建设是美丽中国的重要组成部分，国家高度重视，未来将会有更多的政策支持和财政投入，除了国家和各级政府的有力推动外，也将会吸引包括企业、个人在内的社会各界广泛参与，美丽乡村建设将带来巨大的发展机会。一是共建共享。建设美丽乡村既涉及"软件",包括文化、公共服务、社会保障等方面;也涉及"硬件",包括基础设施建设、村容村貌整治、村庄绿化亮化、绿色生态发展等。这是一个庞大的系统工程,需要社会各界广泛参与。美丽乡村建设完成后,很多美丽乡村将以乡村生态旅游的方式呈现在众人面前,开展乡村旅游,需要吃、住、行、娱乐、体验等方面的配套服务,这将促进旅游消费向种植、养殖、加工、服务等领域纵深发展,加快一、二、三产业的融合与提升。二是民生改善。从美丽乡村的建设体系来讲,被列入建设的村子,不论在道路、管网等硬件方面,还是在文化、医疗、教育、卫生、社会等民生方面,都将得到改善。通过美丽乡村的打造,吸引世界各地、全国各地的人前来参观、考察、休闲和体验。村民可以将民房打造成"民宿"供游客居住,用自家闲置的房子开农家乐提供餐饮服务,还可以进行特色种植、养殖发展体验农业,这种从田间地头到餐桌再到民居一条龙式的发展模式将给美丽乡村的农民带来巨大的经济利益。

建设美丽乡村的好处多,但在建设过程中必须注重几个问题。一是重规划,有特色,不能百村一色,千村一致,毫无特色,应做到因地制宜、具体问题具体分析,不照搬照抄他处做法。从近年各地的建设实践来看,美丽乡村的建设可分为产业发展型、生态保护型、城郊集约型、社会综治型、文化传承型、渔业开发型、草原牧场型、环境整治型、休闲旅游型、高效农业型10种模式。要事先做好长远规划,把亮点、特点打造出来。二是重系统。一定要按照习近平总书记对美丽乡村建设的要求,"要依托现有山水脉络等独特风光,让城市融入大自然;让居民望得见山、看得见水、记得住乡愁。"不搞大拆大建,按照山水田园乡村原有的风貌去打造,不改变原来的自然景观、历史风貌、文化景致、村落特色,切实让人们能望见山、看见水、记住乡愁。一定要坚持把山水林田湖草作为一个生命共同体,坚持系统思维统筹山水林田湖草的治理,树立"绿水青山就是金山银山"的理念,把环境保护和绿色发展放在首位,实现美丽乡村建设的可持续发展。

第六节　扶持政策

一、政策来源

（1）《中共中央国务院关于实施乡村振兴战略的意见》

（2）《国家乡村振兴战略规划（2018—2022 年)》

二、政策要点

（1）衔接落实好第二轮土地承包到期后再延长 30 年的政策，让农民吃上长效"定心丸"。

（2）落实财政、税收、土地、信贷、保险等支持政策，扩大新型经营主体承担涉农项目规模。落实科研成果转化及农业科技创新激励相关政策。

（3）完善粮食主产区利益补偿机制。继续支持粮改饲、粮豆轮作和畜禽水产标准化健康养殖，改革完善渔业油价补贴政策。

（4）完善农机购置补贴政策。

（5）深化玉米收储制度改革，完善市场化收购加补贴机制。

（6）积极开发适应新型农业经营主体需求的保险品种，探索开展水稻、小麦、玉米三大主粮作物完全成本保险和收入保险试点。

（7）落实好减税降费政策，支持农村创新创业。落实就业服务、人才激励、教育培训、资金奖补、金融支持、社会保险等就业扶持相关政策。

（8）落实草原生态保护补助奖励政策，建立长江流域重点水域禁捕补偿制度。

（9）落实乡村教师生活补助政策，建好建强乡村教师队伍。

（10）落实县域金融机构涉农贷款增量奖励政策，完善涉农贴息贷款政策，降低农户和新型农业经营主体的融资成本。

三、政策解读

《中共中央国务院关于实施乡村振兴战略的意见》《国家乡村振兴

战略规划（2018—2022年）》作为实施乡村振兴战略的指导性文件，指明了乡村振兴战略的发展方向、发展目标、发展途径，为实施乡村振兴战略划出了时间表和线路表，虽然在具体政策扶持、经费补助方面涉及的不太多，但是政策扶持和补助的方向是清楚的，也是明确的。

1. 各项扶持政策为农业持续发展提供坚实的保障

从政策上看，明确提出要衔接落实好第二轮土地承包到期后再延长30年的政策，让农民吃上"定心丸"，也可以让有长期种地、从事农业生产经营的经营主体和企业安心经营；对新型经营主体在财政、税收、土地、信贷、保险等方面给予支持，进一步鼓励和支持新型农业经营主体发展壮大；另外还将在粮食主产区利益补偿、产业结构调整、农机装备购置、农产品保险、降税减费、农村创新创业、草原生态补助、贷款融资等方面给予政策扶持和补助。未来，国家对农业农村发展的支持力度会越来越大，相应的各类支持补助政策也会越来越多，政策的覆盖面和受益面也会越来越广。

2. 各项农业资金补贴切实有效地促进农业稳定发展

从补助重点来看，还是聚焦于粮食生产、生态保护、结构调整、农业信息化、农村创业创新、职业农民培育、绿色发展等重点方面，思路清晰，重点明确。牢牢抓住和大力发展事关农业农村稳定和国家发展大局的各项工作，确保粮食绝对安全，不能出现任何风险。在确保粮食安全、口粮自足的基础上进一步调整优化农业产业结构。在有条件的地区加速现代农业发展步伐，支持农业与物联网、互联网的结合，支持农业"走出去"，支持运用现代化装备；在城市近郊或生态环境适宜搞休闲农业的地区，大力支持一、二、三产业融合发展，开发生态旅游小镇、特色文化村庄等，全面提升产业融合发展水平；在远郊或偏僻地区，鼓励利用生态优势，大力发展绿色生态农业，增加高质、绿色、生态农产品供给，丰富农产品品类，满足不同需求，因地制宜，走出一条符合当地实际的农业可持续发展之路。

这些补助政策和支持措施，将为乡村振兴、产业发展释放更多红利，吸引更多的人才、更好的资源到农村去。随着各项配套政策的出台与落实，将对撬动乡村振兴发展要素起到"四两拨千斤"的作用，为乡村的振兴与繁荣注入新的动力与活力。

第二章　脱贫攻坚政策

　　打赢脱贫攻坚战，是党对人民的庄严承诺，让农民真正富裕起来是乡村振兴的终极目标。要以乡村振兴为中心圆点，将农村建设、农业发展、农民致富有机结合起来，形成脱贫攻坚和乡村振兴的良性互动，谱写新时代乡村全面振兴新篇章。

政策背景

改革开放 40 多年来，中国经济社会发展取得了巨大成就。2018 年中国国内生产总值达到 90.03 万亿元人民币，稳居世界第二，使 7 亿多农村贫困人口成功脱贫，实现了中华民族从站起来到富起来再到强起来的伟大飞跃，在人类史上这是一个伟大创举。但是中国发展的不平衡、不充分问题依然突出，截至 2014 年底，中国仍有 7000 多万农村贫困人口，而且主要分布在"三区"（西藏、新疆南疆四地州和四省藏区）、"三州"（甘肃的临夏州、四川的凉山州和云南的怒江州）深度贫困地区。这些地区自然条件差、经济基础弱、贫困程度深，是制约全面建成小康社会的关键和短板。没有贫困地区的脱贫，就没有全国的全面小康。

2013 年 11 月，习近平总书记到湖南湘西考察时首次作出了"实事求是、因地制宜、分类指导、精准扶贫"的重要指示，提出了"精准扶贫"的思想。2014 年 3 月，习近平总书记参加两会代表团审议时强调，要实施精准扶贫，瞄准扶贫对象，进行重点施策。2015 年 6 月，习近平总书记在贵州考察时，强调要科学谋划好"十三五"时期扶贫开发工作，确保贫困人口到 2020 年如期脱贫，并提出扶贫开发"贵在精准，重在精准，成败之举在于精准"的扶贫思想。习近平总书记在参加 2015 减贫与发展高层论坛上强调，中国扶贫攻坚工作实施精准扶贫方略，注重六个精准，通过扶持生产和就业发展一批，通过易地搬迁安置一批，通过生态保护脱贫一批，通过教育扶贫脱贫一批，通过低保政策兜底一批。2016 年 11 月，《国务院关于印发"十三五"脱贫攻坚规划的通知》（国发〔2016〕64 号）正式印发，精准扶贫的号角正式吹响。

目标任务

到 2020 年，稳定实现现行标准下农村贫困人口不愁吃、不愁穿，义务教育、基本医疗和住房安全有保障（"两不愁"、"三保障"）。贫困地区农民人均可支配收入比 2010 年翻一番以上。确保我国现行标准下农村贫困人口实现脱贫，贫困县全部摘帽，解决区域性整体贫困。

第一节　产业发展脱贫

一、农林产业扶贫

(一) 政策来源

《全国"十三五"脱贫攻坚规划》(国发〔2016〕64号)

(二) 政策要点

1. 优化发展种植业

建设一批贫困人口参与度高、受益率高的种植基地,大力发展设施农业,积极支持园艺作物标准化创建。实现种地养地相结合。积极发展养殖业。加强地方品种保护与利用,发展地方特色畜牧业。实施退牧还草等工程和草原生态保护补助奖励政策,积极推广适合贫困地区发展的农牧结合、粮草兼顾、生态循环种养模式。

2. 发展林产业

因地制宜大力推进木本油料、特色林果、林下经济、竹藤、花卉等产业发展,打造一批特色示范基地,带动贫困人口脱贫致富。

3. 扶持培育新型经营主体

支持各类新型经营主体通过土地托管、土地流转、订单农业、牲畜托养、土地经营权股份合作等方式,与贫困村、贫困户建立稳定的利益联结机制,使贫困户从中直接受益。推进贫困地区农民专业合作社示范社创建,鼓励组建联合社。现代青年农场主培养计划要向贫困地区倾斜。

4. 加大农林技术推广和培训力度

强化新型职业农民培育,实施农村实用人才带头人和大学生村官示范培训。对农村贫困家庭劳动力进行农林技术培训,确保有劳动力的贫困户中至少有1名成员掌握1项实用技术。

(三) 政策解读

2016年,国务院印发了《"十三五"脱贫攻坚规划》(国发〔2016〕64号),该规划为做好脱贫攻坚工作指明了方向,规划非常详细，内容涵盖了产业扶贫、教育扶贫、易地搬迁、健康扶贫等多个方面，几乎对所有致贫因素都进行了考虑，并开出了药方，可操作性很强。《"十三五"脱贫攻坚规划》把产业扶贫放在了突出位置，明确在脱贫攻坚工作中，要更好地发挥产业扶贫的基础性作用，要千方百计地把贫困地区的产业发展起来，让脱贫变得可持续，有效防止返贫。

1. 措施部分重点阐述了农林产业扶贫的重要性

在贫困地区开展农林产业扶贫不仅符合实际，而且是可操作的。一些贫困地区基础设施落后，发展资源匮乏，但普遍有良好的植被生态，有利于发展生态种植、养殖。相较于其他方式，发展农业种植、养殖、林下经济等产业门槛低，投资小，风险低，周期相对较短，见效快，群众容易接受，也容易上手，是快速增收的有效办法。《"十三五"脱贫攻坚规划》提出鼓励农民发展设施农业，增强农业抵御自然风险的能力，降低农业生产受自然灾害威胁的风险，为减少农民损失增加了一层保护网；鼓励种地养地相结合，既通过自然的手段达到养地的目的，又通过土壤的自然恢复发展优质农产品，增加农产品高端供给，以价换量，使持续增收有保障。鼓励地方品种保护与利用，实际上这是一个很现实的脱贫产业。在很多地区，有一些有地方特色的鸡、猪、牛、羊等家禽家畜品种，具有研究和保护价值，如果能把这些品种的有效保护和合理利用起来，虽然周期相对长一点，但是产业的价值不可估量。鼓励发展林下经济，充分利用林下空间，发展花卉、药材、食用菌及禽类养殖，也是可行的脱贫之举。

2. 新型职业农民培育支撑农林产业扶贫

发展种植业、养殖业，尽管技术难度不大，但是掌握相应的种植养殖技术仍是不可缺少的。因此，《"十三五"脱贫攻坚规划》提出了要培育新型职业农民，加强技术培训，让农民通过学习培训掌握核心技术要领，为农林产业扶贫项目的成功提供必不可少的支撑。

二、旅游扶贫

（一）政策来源

（1）《国家旅游局关于进一步做好当前旅游扶贫工作的通知》

（旅发〔2018〕27号）

（2）《全国"十三五"脱贫攻坚规划》（国发〔2016〕64号）

（二）政策要点

（1）发展一批以农家乐、渔家乐、牧家乐、休闲农庄、森林人家等为主题的乡村度假产品，建成一批依托自然风光、美丽乡村、传统民居为特色的乡村旅游景区，策划一批采摘、垂钓、农事体验等参与型的旅游娱乐活动，开发徒步健身、乡村体育休闲运动，培育自驾车房车营地、帐篷营地、乡村民宿等新业态，打造丰富多彩的乡村特色文化演艺和节庆活动。

（2）举办专场营销。积极组织旅游扶贫重点村、旅游企业参与大型旅游展会、赴全国主要旅游客源地开展专场营销活动，集中推介特色旅游产品。

（3）开展专题培训。加大对乡村旅游扶贫重点村村干部、乡村旅游带头人、乡村旅游经营户、驻村工作队队长、乡村旅游管理人才等各类实用人才的培训力度，提升文化素质和知识水平，提高乡村旅游服务技能。建立旅游扶贫专家库。

（4）鼓励贫困人口直接开办农家乐和经营乡村旅馆、销售农副土特产品获得经营性收入，鼓励贫困人口到景区景点、旅游企业打工就业获得工资性收入，鼓励贫困人口通过资产入股、资源入股等形式获得财产性收入，形成持久内生动力。

（5）大力发展休闲农业。培育扶持休闲农业新型经营主体，促进农业与旅游观光、健康养老等产业深度融合。

（6）发展特色文化旅游。打造一批辐射带动贫困人口就业增收的风景名胜区、特色小镇，实施特色民族村镇和传统村落、历史文化名镇名村保护与发展工程。依托当地民族特色文化、红色文化、乡土文化和非物质文化遗产，大力发展贫困人口参与并受益的传统文化展示表演与体验活动等乡村文化旅游。开展非物质文化遗产生产性保护，鼓励民族传统工艺传承发展和产品生产销售。坚持创意开发，推出具有地方特点的旅游商品和纪念品。支持农村贫困家庭妇女发展家庭手工旅游产品。

（三）政策解读

旅游扶贫就是通过开发贫困地区丰富的旅游资源，兴办旅游经济实体，使旅游业形成区域的支柱产业，带动地区经济发展和民生改善。实际上，一些贫困地区虽然地处偏远，但是却保存了较好的生态环境，有青山绿水，有清新空气，远离喧嚣，它们是城市人周末休闲和放松的好去处。开展旅游扶贫，搞农旅结合，不仅是推动传统产业转型升级的重要措施，而且是实现一、二、三产业融合的有效方式，更是践行"绿水青山就是金山银山"的具体体现。实现三产副合的方式多种多样，如开发以农家乐、渔家乐、牧家乐、休闲农庄、森林人家等为主题的乡村度假产品；建设以自然风光、美丽乡村、传统民居为特色乡村旅游景区；打造以采摘、垂钓、农事体验等参与型的旅游娱乐活动；打造以徒步健身、乡村体育为主的休闲运动；发展自驾车房车营地、帐篷营地、乡村民宿等新业态；打造丰富多彩的乡村特色文化演艺和节庆活动等。总之，不论开发哪一种乡村旅游模式，都应该加强规划，把绿色发展、保护环境放在第一位，把贫困群众受益放在突出位置，加强技能培训，增强安全生产意识，抓好村容村貌环境整治，因地制宜，不搞千篇一律，也不盲目一哄而上，循序渐进，才能实现可持续发展。

三、消费扶贫

（一）政策来源

《国务院办公厅关于深入开展消费扶贫助力打赢脱贫攻坚战的指导意见》（国办发〔2018〕129号）

（二）政策要点

（1）推动各级机关和国有企事业单位等带头参与消费扶贫。在同等条件下优先采购贫困地区产品，优先从贫困地区聘用工勤人员。鼓励各级工会按照有关规定组织职工到贫困地区开展工会活动，在同等条件下优先采购贫困地区产品。

（2）建立和完善东西部地区劳务精准对接机制，积极购买贫困地区劳务，帮助贫困劳动力就业。

（3）依托"中国农民丰收节"、中国社会扶贫网等平台，推广贫困地区特色农产品。组织各类媒体安排版面时段，运用新媒体平台，分时分类免费向社会推介贫困地区精品景点线路。

（4）加快流通服务网点建设。深入实施快递下乡工程，完善贫困地区快递服务网络，支持快递企业与农业、供销、商贸企业加强合作。

（5）支持贫困地区深入挖掘特色农产品品种资源。落实农产品产地初加工补助政策。

（6）加大基础设施建设力度。对从事休闲农业和乡村旅游的贫困户实施改厨、改厕、改客房、整理院落"三改一整"工程，优化消费环境。支持贫困人口参加相关专业技能和业务培训，提升服务规范化和标准化水平。

（三）政策解读

消费扶贫就是社会各界通过消费来自贫困地区和贫困人口的产品与服务，帮助贫困人口增收脱贫的一种扶贫方式，也是社会力量参与脱贫攻坚的重要途径。大力实施消费扶贫，有利于动员社会各界扩大贫困地区产品和服务消费，调动贫困人口依靠自身努力实现脱贫致富的积极性，促进贫困人口稳定脱贫和贫困地区产业持续发展。《关于深入开展消费扶贫助力打赢脱贫攻坚战的指导意见》明确鼓励各级机关、国有企事业单位、金融机构、大专院校、城市医疗及养老服务机构等在同等条件下优先采购贫困地区产品，优先从贫困地区聘用工勤人员，引导干部职工自发购买贫困地区产品和到贫困地区旅游；鼓励各级工会按照有关规定组织职工到贫困地区开展工会活动，在同等条件下优先采购贫困地区产品，对政府采购向贫困地区倾斜做了制度性安排，为贫困地区优质农产品的销售拓宽了渠道。

《意见》明确指出要以打通农产品"从田间到餐桌"的全链条联动为主要目标，做到线上大力发展农产品电商，线下开展形式多样的农产品产销对接和体验等活动，减少农产品销售中间环节，实现生产、流通、消费多方共赢，确保政策红利精准惠及贫困地区和贫困人口。但是《意见》也提出，消费扶贫绝不是强买强卖，要坚持自愿原则，引导社会各界主动参与到消费扶贫中，同时也要求贫困地区要以优质、安全、绿色为生产导向，加强农产品品质管理和品牌建设，支持标准化生产示范，提升农产品规模化供给水平，保证有效供应能力，促进消费扶贫健康发展。

四、网络电商扶贫

（一）政策来源

（1）《关于推进网络扶贫的实施方案（2018—2020年）》（工信部通信〔2018〕83号）

（2）《全国"十三五"脱贫攻坚规划》（国发〔2016〕64号）

（二）政策要点

（1）推出优惠网络资费。进一步加大网络提速降费力度，鼓励推出扶贫专属资费优惠，减轻贫困群体宽带网络使用负担。

（2）加快智能终端普及。积极引导智能终端生产企业履行社会责任，研发简易用、低成本的4G手机等智能终端，满足贫困地区群众的使用需求。

（3）大力推进"互联网＋教育"。加强贫困地区各类学校高速宽带网络建设，实现两类学校（乡村小规模学校和乡镇寄宿制学校）宽带网络全覆盖。配合教育部门加强远程教育应用推广，推动优质教育资源在贫困地区的共享应用。

（4）实施"互联网＋健康扶贫"。推动远程诊疗覆盖到村、在线医学教育普及到人、在线慢性病管理精准到户，改善深度贫困地区基层医疗卫生服务能力，提高贫困人口健康水平。

（5）优先支持"三区三州"贫困村4G网络建设，实现90%以上建档立卡贫困村通宽带。优先支持"三区三州"贫困村信息化建设，充分发挥高通量卫星比较优势，在教育、医疗等领域加大推广力度。

（6）支持有意愿的贫困户和带动贫困户的农民专业合作社开办网上商店，鼓励引导电商和电商平台企业与合作社、种养大户建立直采直供关系。对贫困户通过电商平台创业就业的，鼓励地方政府和电商企业免费提供网店设计、推介服务和经营管理培训，给予网络资费补助和小额信贷支持。

（7）鼓励大型电商企业为贫困地区设立扶贫专卖店、电商扶贫馆和扶贫频道，并给予流量等支持。支持贫困地区参加农博会、农贸会、展销会，专设消费扶贫展区，集中推介、展示、销售特色农产品。鼓励贫困地区在景区景点、宾馆饭店、游客集散中心、高速公路服务区开设农产品销售专区，集中销售特色优势农产品。

（三）政策解读

长期以来，贫困地区由于地处偏远，基础设施相对落后，发展短板明显，有线电视、光纤互联网建设不足，信息闭塞，这些问题严重制约着贫困地区的发展。工信部印发的《关于推进网络扶贫的实施方案（2018—2020 年)》提出到 2020 年，全国 12.29 万个建档立卡贫困村宽带网络覆盖比例超过 98%，把网络扶贫列为脱贫攻坚的重要组成部分，深度聚焦贫困地区，更好发挥宽带网络优势，助力打赢脱贫攻坚战。

要让贫困户用上宽带互联网，首先得加强通信网络基础设施建设的投入力度，其次是降低宽带网络接入和资费标准，让贫困户用得起，尤其在"三区三州"地区，加快网络建设显得更加迫切。有了互联网，当地群众多了一个了解外界、获取信息的"窗口"，可以上网看新闻、看娱乐节目，学习先进生产技术和管理经验，丰富精神世界；有关部门可以利用网络推进"互联网＋教育"、"互联网＋健康扶贫"等工作，可以有效降低工作成本，提高工作效率；同时，贫困地还可以通过互联网发展农特产品网络销售，把当地生态、优质、绿色、健康的农特产品卖到全国各地，增加当地农民收入。

第二节　转移就业脱贫

一、政策来源

《关于进一步加大就业扶贫政策支持力度着力提高劳务组织化程度的通知》（人社部发〔2018〕46 号）

二、政策要点

（1）支持对象。建档立卡贫困劳动力（即16周岁以上、有劳动能力的建档立卡贫困人口）。

（2）对企业、农民专业合作社和扶贫车间等各类生产经营主体吸纳贫困劳动力就业并开展以工代训的，根据吸纳人数，给予一定期限的职业培训补贴，最长不超过6个月。对企业吸纳贫困劳动力就业的，参照就业困难人员落实社会保险补贴等政策。

（3）对有创业意愿并有一定创业条件的贫困劳动力，及时开展创业培训，落实税费减免、资金补贴、场地安排、创业担保贷款及贴息等政策。对首次创办小微企业或从事个体经营，且所创办企业或个体工商户自工商登记注册之日起正常运营6个月以上的贫困劳动力和农民工等返乡下乡创业人员，可给予一次性创业补贴。

（4）对各级公共就业服务机构针对贫困劳动力开展就业服务活动的，给予就业创业服务补助。对贫困劳动力通过有组织劳务输出到户籍所在县以外就业的，给予一次性求职创业补贴。对企业接收外地贫困劳动力就业的，输入地要参照当地就业困难人员落实社会保险补贴、创业担保贷款及贴息等政策。

（5）鼓励贫困村利用村集体收益等资金开发公益性岗位，安置贫困劳动力就业。

（6）大规模开展职业培训。鼓励通过项目制方式，整建制购买职业技能培训或创业培训项目，为贫困劳动力免费提供培训。对参加职业培训的贫困劳动力，在培训期间给予生活费补贴。对就读技工院校的建档立卡贫困家庭学生按规定免除学费、发放助学金，支持其顺利完成技工教育并帮助其就业。以上政策执行期限截止2021年12月31日。

三、政策解读

在推动脱贫的所有措施中，就业脱贫相较于教育脱贫、产业脱贫等方式，不仅实现方式更为灵活，而且是快速提高贫困家庭人均年收入的重要手段之一，在各地的脱贫实践中被广泛运用。人社部高度重视就业扶贫工作，在脱贫攻坚的关键时期及时印发了《关于进一步加大就业扶贫政策支持力度着力提高劳务组织化程度的通知》，明确对吸纳贫困户就业的用工企业、贫困户自主创业、公共就业服务机构为贫困户提供劳务输出服务、贫困户参加职业培训等4种情况进行支持和鼓励，千方百计扩大贫困人口就业。对用工单位吸纳贫困地区劳动力就业并开展以工代训的给予职业培训补贴，对企业吸纳贫困劳动力就业的还给予社会保险补贴、创业担保贷款及贴息；对吸纳就业数量多、成效好的就业扶贫基地，给予一次性资金奖补，其目的就是通过就业来使贫困户获得稳定的工资性收入，改善贫困家庭生产生活条件。对返乡下乡创业人员首次创办小微企业或从事个体经营并且正常运营6个月以上的，给予一次性创业补贴。对有组织开展劳务输出的服务机构、劳务经纪人等，给予就业创业服务补助。对参加职业培训的贫困劳动力，在培训期间给予生活费补贴。

第三节　易地搬迁扶贫

一、政策来源

（1）《全国"十三五"脱贫攻坚规划》（国发〔2016〕64号）
（3）《"十三五"时期易地扶贫搬迁工作方案》

二、政策要点

"十三五"时期将坚持群众自愿、积极稳妥的方针，坚持与新型城镇化相结合，对居住在"一方水土养不起一方人"地方的建档立卡贫困人口实施易地搬迁，加大政府投入力度，创新投融资模式和组织方式，完善相关后续扶持政策，强化搬迁成效监督考核，努力做到搬得出、稳得住、有事做、能致富，确保搬迁对象尽快脱贫，从根本上解决生计问题。

三、政策解读

易地扶贫搬迁是党中央、国务院决定实施新时期脱贫攻坚"五个一批"（发展生产脱贫一批、易地搬迁脱贫一批、生态补偿脱贫一批、发展教育脱贫一批、社会保障兜底一批）精准扶贫工程之一。"十三五"期间，全国要完成1000万左右人口的搬迁任务。

1. 哪些人可享受易地扶贫搬迁政策

易地扶贫搬迁对象主要是居住在深山、石山、高寒、荒漠化、地方病多发等生存环境差、不具备基本发展条件，以及生态环境脆弱、限制或禁止开发地区的自愿搬迁的农村建档立卡贫困人口。

具体来说，需同时具备以下三个条件：

（1）生活在"一方水土养不起一方人"的地方；

（2）本人愿意搬迁；

（3）农村建档立卡贫困人口。

符合上述条件的建档立卡贫困户中的计划生育受处罚户、无房户均可以享受易地扶贫搬迁政策。

2. 迁出地区域范围划定标准与程序

按照"先定地域范围后定人"的原则，首先要合理确定本县市区的迁出地区域范围。也就是说，一个县市区属于"一方水土养不起一方人"的地方，以自然村、寨、村民小组为基本单元。

3. 搬迁后收入从哪里来

易地扶贫搬迁是否成功，不仅要看房子有没有盖起来，贫困户有没有搬进去，更要看搬迁群众的钱袋子有没有鼓起来。实施搬迁后，脱贫攻坚的其他政策措施也要继续惠及搬迁贫困户，加大对搬迁对象后续发展的支持力度。各地应因地制宜、千方百计制定各种扶持办法，如"乡村旅游＋特色产业""就业培训＋公益岗位""资产收益＋物业经济"等，努力做到搬得出、稳得住、有事做、能致富。

第四节　教育脱贫

一、深度贫困地区教育

（一）政策来源

《深度贫困地区教育脱贫攻坚实施方案（2018—2020 年)》（教发〔2018〕1 号)

（二）政策要点

1. 义务教育

继续实施农村义务教育学生营养改善计划。

2. 发展学前教育

鼓励在"三区三州"大力发展公办园，支持每个乡镇至少办好一所公办中心幼儿园，大村独立建园，小村联合办园或设分园，帮助农村贫困家庭幼儿就近接受学前教育。

3. 普及高中阶段教育

保障建档立卡贫困家庭学生接受高中阶段教育的机会。

4. 加快发展职业教育

为就读职业学校的"三区三州"贫困家庭学生，优先落实助学政策，优先安排实习，优先推荐就业。

5. 实施好"三区三州"现有免费教育政策

全面落实西藏教育"三包"政策，支持新疆南疆四地州 14 年免费教育政策。审慎开展四省藏区及三州的免费教育政策。推广民族地区"9＋3"免费教育计划。

6. 确保建档立卡贫困学生资助全覆盖

建立并实施学前教育资助政策，义务教育实施"两免一补"政策，中等职业教育实施免学费和国家助学金政策，普通高中免除建档立卡等家庭经济困难学生学杂费并实施国家助学金政策，高等教育及研究生教育实施"奖助贷勤补免"及入学绿色通道等"多元混合"的资助方式，务必保障"三区三州"建档立卡贫困家庭学生享受学生资助政策。对通过职业教育东西协作到东部地区省（市）接受中职教育的建档立卡贫困家庭学生，西部地区省（市）从财政扶贫资金中按照每生每年 3000 元左右的标准给予资助，东部地区省（市）从东西扶贫协作财政援助资金中按照不少于每生每年 1000 元的标准给予资助，用于学生的交通、住宿、课本教材、服装等方面。

（三）政策解读

西藏、新疆南疆四地州和四省藏区、甘肃的临夏州、四川的凉山州和云南的怒江州，被称为"三区三州"。这些地区自然条件差、经济基础弱、贫困程度深，脱贫难度大，在这些地区开展深度教育脱贫有深远意义。相对于其他脱贫方式，教育脱贫时间长，投入大，见效慢，但却是最可持续、返贫率最低的脱贫方式。就如何开展好"三区三州"的教育脱贫工作，《深度贫困地区教育脱贫攻坚实施方案（2018—2020 年）》给出了答案：以补齐"三区三州"教育短板为突破口，以解决瓶颈制约为方向，推动教育新增资金、新增项目、新增举措向"三区三州"倾斜，从资金上进行重点投入，补齐这些地区教育基础设施短板。

该方案把义务教育、学前教育、职业教育、高中教育全部纳入教育脱贫，经过这些阶段的学校教育，即使这些孩子不能继续更高阶段的学习，也具备了一定的文化素养和技能水平，为外出务工提供了条件，增强了这些地区孩子的自我发展能力。同时该方案还提出了"确保建档立卡贫困学生资助全覆盖"，扩大了资助范围，降低了申请资助的难度，提高了受益面，减轻了贫困家庭教育支出负担，有效防止了因教致贫、因教返贫的风险。这种通过教育实现脱贫的方式无疑是长远的、可行的，也是最有效和最可持续的。

二、职业教育

（一）政策来源

《职业教育东西协作行动计划滇西实施方案》（2017—2020 年）

（二）政策要点

1. 实施东部四省（市）滇西招生兜底行动计划

东部四省（市）对口兜底式招录滇西 10 州市建档立卡"两后生"接受优质中等职业教育。其中，上海市对口丽江、保山、楚雄、版纳；天津市对口红河、怒江；江苏省对口大理、普洱；浙江省对口临沧、德宏。

招生对象。滇西 10 州市建档立卡家庭的所有"两后生"。

招生规模。东部四省（市）每年总计招收不少于 6000 名。

2. 招生及培养模式

（1）东部四省（市）统筹安排各自优质中职学校，安排 3000 名滇西 10 州市在校建档立卡贫困家庭学生，采取"2＋1"分段培养方式开展教学，毕业后根据学生意愿优先在东部四省（市）安排就业。

（2）东部四省（市）统筹安排省（市）内优质中职学校，招收滇西 10 州市建档立卡贫困家庭不少于 3000 名"两后生"，按照现代学徒制、订单式等模式进行校企联合培养，实现入校即入企，毕业即就业。

3. 资助政策

（1）到东部四省（市）接受中职学校教育的建档立卡贫困家庭学生，享受免学费、国家助学金及当地学生奖（补）政策。

（2）云南省从财政扶贫资金中按照每生每年 5000 元左右的标准给予资助。

（3）上海市从东西扶贫协作财政援助等资金中按照每生每年不少于 1000 元的标准给予资助。

（4）中国教育发展基金会向接受中等职业教育的建档立卡贫困家庭学生每生每年资助 1000～2000 元。

（5）滇西 10 州市根据各自实际在地方财政中安排一定的经费对到东部接受职业教育的"两后生"予以生活和交通补贴。

4. 东部四省（市）每年统筹安排 1000 个实习或就业岗位，重点吸引滇西 10 州市建档立卡接受职业教育的家庭经济困难学生到东部企业顶岗实习、参加职业培训或直接就业。

（三）政策解读

《职业教育东西协作行动计划滇西实施方案》明确东部四省（市）的优质中等职业学校对口兜底式招录滇西 10 州市（丽江、保山、楚雄、版纳、红河、怒江、大理、普洱、临沧、德宏）建档立卡"两后生"接受优质中等职业教育，招生规模每年共计不少于 6000 名，采取"2＋1"分段培养方式开展教学，毕业后根据学生意愿优先在东部四省（市）安排就业。这项措施是在云南脱贫攻坚的关键时期出台的，并且是针对云南省贫困程度相对较深的 10 个州市，针对性极强。

农村孩子渴望走出大山，到外面的世界看看，希望通过读书改变自身的命运，农村贫困家庭的孩子更是如此。《职业教育东西协作行动计划滇西实施方案》的出台让滇西 10 州市建档立卡贫困家庭的孩子梦想成真。一方面自己可以到东部发达地区去上学，还有补助。去发达地区上学不仅能学知识，还能开阔眼界，结识朋友，将是一段难得的人生经历。另一方面毕业后还被安排在求学地就业，解决了毕业以后怎么办的现实问题。对很多农村家庭的孩子来讲，读书最大的担心就是毕业后怎么就业，如果不能实现就业，那些依靠举债完成学业的家庭会陷入更加贫困的境地。相信在上海、天津、江苏、浙江四省（市）的帮助下，滇西的脱贫攻坚步伐会迈得更加坚实，这些孩子外出求学、就业将助推两地交流，加深友谊，学成后为家乡、为国家做出积极的贡献。

第五节　健康扶贫

一、政策来源

《全国"十三五"脱贫攻坚规划》（国发〔2016〕64 号）

二、政策要点

降低贫困人口大病、慢性病费用支出。建档立卡贫困人口参加城乡居民基本医疗保险个人缴费部分由财政通过城乡医疗救助给予补贴，提高政策范围内住院费用报销比例。在贫困地区全面实施农村妇女"两癌"（乳腺癌和宫颈癌）免费筛查项目，加大对贫困患者的救助力度。全面实施免费孕前优生健康检查、农村妇女增补叶酸预防神经管缺陷、新生儿疾病筛查等项目。全面实施贫困地区儿童营养改善项目。

三、政策解读

在致贫因素中，大病致贫应摆在首位。在过去很长一段时间里，农村居民由于没有医保，在遇到重大疾病时无法承担高昂的医疗费用，加上受一些传统旧思想的影响，没能及时就医，也没去正规医院进行治疗。而是采取了"一拖、二扛、三等"的应对办法，希望病情能得到好转，甚至自愈。不仅延误了看病时机，恶化了病情，而且落下了病根，丧失劳动力，给家庭带来巨大的经济负担。因此，大病成为农村致贫、返贫的关键诱因之一。

这种状况在国家实施全民基本医疗保险后得到了大幅度的改善，极大地提升了农村居民的健康水平，尤其对农村贫困人口是一项重大利好政策。通过新农合看病，尽管除了国家正常的医药费报销外，少部分还需要患者及家庭自己负担，但是相较于之前看病费用需要自己全部承担的情况，其负担大幅度降低。随着农村基本医疗保险覆盖面的扩大，农村居民医保意识的增强，因病致贫、返贫的情况大幅度减少。开展健康扶贫对提升贫困地区贫困人口的健康水平，降低因病致贫因病返贫率，增强贫困人口的幸福感和获得感有重要意义。

第六节　生态扶贫

一、政策来源

《生态扶贫工作方案》（发改农经〔2018〕124 号）

二、政策要点

1. 通过多种途径助力贫困人口脱贫

（1）组织贫困人口参与生态工程建设，通过参与工程建设获取劳务报酬。

（2）支持在贫困县设立生态管护员工作岗位，让能胜任岗位要求的贫困人口参加生态管护工作。在贫困县域内的国家公园、自然保护区、森林公园和湿地公园等，优先安排有劳动能力的贫困人口参与服务和管理。

（3）大力发展生态旅游、特色林产业、特色种养业等生态产业，优先采购建档立卡贫困户的林草种子、种苗，增加贫困户经营性收入。

（4）在安排退耕还林还草补助、草原生态保护等补助资金时，优先支持有需求、符合条件的贫困人口，使贫困人口获得补助收入。

2. 实施新一轮草原生态保护补助奖励政策

在内蒙古、西藏、新疆、青海、四川、甘肃、云南、宁夏、黑龙江、吉林、辽宁、河北、山西和新疆生产建设兵团的牧区半牧区县实施草原生态保护补助奖励政策，及时足额向牧民发放禁牧补助和草畜平衡奖励资金。

3. 加大投入力度

各类涉及民生的专项转移支付资金、中央预算内投资要进一步向贫困地区和贫困人口倾斜。

4. 加强技术培训

积极组织技术专家深入贫困地区开展精准帮扶活动，加大对生态产业经营大户、合作社和企业的技术指导，在贫困地区培养一批活跃在贫困人口身边的"看得见、问得着、留得住"的乡土专家和技术能手。加大对基层生态扶贫工作人员和贫困户的培训力度，提高基层生态扶贫工作人员的能耐，提升贫困人口自我发展能力、市场意识和风险防控能力。

三、政策解读

2018 年，国家发改委等 6 部门联合出台了《生态扶贫工作方案》，该方案明确提出到 2020 年，力争组建 1.2 万个生态建设扶贫专业合作社，吸纳 10 万贫困人口参与生态工程建设，新增生态管护员岗位 40 万个，通过大力发展生态产业，带动约 1500 万贫困人口增收。这是国家务实展开"五位一体"布局的重要体现，也是在全面建成小康社会，打赢脱贫攻坚战的关键时期采取的超常规举措。把脱贫攻坚与生态环境保护紧密结合起来，贫困人口通过参与生态工程建设，担任生态公益性岗位等得到稳定的工资收入，同时还鼓励大力发展生态产业，到 2020 年组建 1.2 万个生态建设扶贫专业合作社，发展生态旅游、特色林产业和种养业。实践证明，发展林下经济和林产品加工开发，不仅能获得较好的经济收入，还能以发展带动环境保护和生态建设，走出一条可持续的生态保护新路子。

一些人认为强调生态保护，就不能搞开发利用，实际上这种观点是不科学的。在现实实践中，只要科学规划，管理得当，适度开发，能更好促进生态环境的保护。通过适度开发，获得更多的资金投入生态环境保护中。比如，开展森林旅游，户外拓展、野训，林下养鸡，林下中药材、食用菌栽培等，就是利用林下空间，开展特色种养业，既不损害原有森林资源，又能实现高附加值产出，实现了经济与生态的有机结合。适度开发主要针对有良好生态的贫困地区，然而在那些生态脆弱、环境恶劣的贫困地区，生态扶贫方案提出要加大环境保护和生态补偿力度，开展生态环境工程，退耕还林还草，新增生态管护员岗位 40 万个，通过生态环境建设，带动贫困人口就业，实现精准稳定脱贫。

总之，生态扶贫不能一概而论，要具体问题具体分析，要敬畏自然，保护环境，切实树立"绿水青山就是金山银山"的发展理念，走出一条可持续的生态扶贫之路。

第七节　兜底保障

一、政策来源

（1）《人力资源社会保障部财政部关于使用失业保险基金支持

脱贫攻坚的通知》（人社部发〔2018〕35 号）

（2）《全国"十三五"脱贫攻坚规划》（国发〔2016〕64 号）

二、政策要点

1. 深度贫困地区

深度贫困地区指西藏、四省藏区、南疆四地州和四川凉山州、云南怒江州、甘肃临夏州及其他深度贫困县，其目的是充分发挥失业保险功能作用，支持精准扶贫、精准脱贫。

2. 主要措施

（1）从 2019 年 1 月 1 日起，深度贫困地区失业保险金标准上调至最低工资标准的 90%。

（2）对深度贫困地区的失业保险参保企业，可以将稳岗补贴标准提高到该企业及其职工上年度实际缴纳失业保险费总额的 60%。

（3）人社部发〔2017〕40 号文中规定的申领技能提升补贴需符合"依法参加失业保险，累计缴纳失业保险费 36 个月（含 36 个月）以上的"条件，对深度贫困地区参加失业保险的企业职工，放宽到"依法参加失业保险，累计缴纳失业保险费 12 个月（含 12 个月）以上的"。

以上政策执行期限截止于 2020 年 12 月 31 日。

（4）完善农村最低生活保障制度。将符合农村低保条件的贫困家庭全部纳入农村低保范围。确保 2020 年前所有地区农村低保标准逐步达到国家扶贫标准。实施残疾人重点康复项目，落实困难残疾人生活补贴和重度残疾人护理补贴制度。加强贫困残疾人实用技术培训，优先扶持贫困残疾人家庭发展生产，支持引导残疾人就业创业。

三、政策解读

深度贫困地区由于自然条件差、经济基础弱、贫困程度深，是脱贫攻坚中的硬骨头。和其他贫困地区相比，深度贫困地区脱贫的难度更大，成本更高，这也就决定了必须采取更为有力的措施，措施的针对性必须更强，指向性必须更明确。

人社部、财政部出台《关于使用失业保险基金支持脱贫攻坚的通知》就是在特殊地区采取特殊方法，体现了中央"社会保障兜底一批"的要求。从 2019 年 1 月 1 日起，深度贫困地区失业保险金标准上调至最低工资标准的 90%，从制度上对构筑防贫体系进行设计，提高深度贫困地区失业保险金标准的政策上限，提升失业人员生活保障水平，有效降低因失业致贫、返贫的风险。

关于稳岗补贴，该通知也规定，在深度贫困地区将企业稳岗补贴标准提高到 60%，一方面有利于激发深度贫困地区企业承担稳岗社会责任的积极性，稳定就业存量，降低失业带来的风险；另一方面也有利于优化营商环境，吸引更多企业投资，振兴区域经济，增加更多就业机会，助力脱贫攻坚工作。

关于技能提升补贴，将深度贫困地区参保职工申领技能提升补贴条件由累计参保缴费满 3 年放宽到满 1 年。这既体现了中央扶贫先扶志、扶贫必扶智的理念，激励深度贫困地区职工主动学习技能，提高取酬能力，增强稳定就业和依靠辛勤劳动致富的能力；也能改善深度贫困地区职工队伍素质状况，缓解就业结构性矛盾，补齐人力资源短板，进一步积聚区域整体脱贫的内生动力。

可以说，这些政策不仅针对性强，指向性明确，而且直接惠及贫困群众，对深度脱贫攻坚具有现实意义和长远意义。

第八节　扶贫龙头企业扶持

一、政策来源

《国务院扶贫办关于完善扶贫龙头企业认定和管理制度的通知》（国开办发〔2017〕62 号）

二、政策要点

1. 认定条件

依法合规经营。企业应具有独立法人资格，有一定的经济效益，所选扶贫项目应符合脱贫攻坚规划。

建立稳定的带贫减贫机制。包括吸纳贫困劳动力稳定打工就业、流转贫困户土地经营权参与产业化经营、整合扶贫和涉农资金投入项目形成资产折股量化给贫困村和贫困户等形式。

具有明显的脱贫成效。扶贫龙头企业应带动一定数量的贫困人口，通过产业化经营所取得的扶贫收益或分红，应通过设立公益岗位、开展公益事业、奖励补助等方式分配给贫困村集体或由贫困户共享。

2. 认定程序

申请。符合申报条件的企业，根据主要扶贫业务所在行政区域范围，自愿向所在县级或市级扶贫部门提出书面申请。

审核。市、县两级扶贫部门接到企业申请后，根据扶贫龙头企业认定条件，对企业进行初步审核，初审结果向社会公示，公示无异议后，报送省级扶贫部门。

审定。省级扶贫部门组织有关部门和单位进行评审，审定结果在省级媒体公告，经公告无异议的企业，由省级扶贫部门印发扶贫龙头企业认定文件。

3. 支持政策

落实已出台扶持政策。支持扶贫龙头企业使用扶贫再贷款。鼓励整合"定点扶贫""东西部扶贫协作"等社会帮扶项目和资金支持扶贫龙头企业。

宣传推广先进典型。对带贫减贫效果显著的扶贫龙头企业和典型案例，要加大宣传和推广力度，对做出突出贡献的企业给予表彰。

三、政策解读

产业扶贫是贫困地区有效脱贫的源头活水。没有产业支撑，脱贫后也难以可持续发展。即使短期脱贫了，但是如何防止返贫也是不得不考虑的问题。因此，产业扶贫的重要性不言而喻。从现实来看，在一些地区，"合作社＋贫困户""龙头企业＋贫困户"的扶贫模式对带动贫困户脱贫发挥了重要作用。一方面，贫困户通过加入合作社或是在龙头企业的带动下，所生产的农产品能够通过合作社或龙头企业卖出去，实现了有效产出；另一方面，贫困户作为合作社理事，通过土地入股或者将土地流转给龙头企业经营，可以收取土地租金、获得土地分红，或者是在龙头企业打工获得工资收入。这些都是不错的选择。

但是，我们也看到，在一些农村地区，农民专业合作社和农业龙头企业的发展情况不容乐观，经营环境不甚理想，经营状况不稳定。如何鼓励和扶持这些合作社和龙头企业健康发展，增强发展能力，显得尤为关键。2017 年，国务院扶贫办出台了《关于完善扶贫龙头企业认定和管理制度的通知》，提出将一些符合条件的企业认定为扶贫龙头企业，并享受一定的政策支持，这对贫困地区的企业将是一个利好的政策。企业如何充分利用和发挥政策的导向作用，实现自身的发展，变得非常重要。同时，应出台相应的配套政策，增加政策的含金量，细化政策的可操作性。让好政策落地，还需要各级各部门共同努力。

第九节　水电矿产资源开发资产收益扶贫

一、政策来源

《贫困地区水电矿产资源开发资产收益扶贫改革试点方案》（以下简称《方案》）

二、政策要点

1. 试点范围、期限与项目选择

（1）试点范围。在集中连片特困地区县和国家扶贫开发工作重点县（以下统称贫困县）开展试点，优先选择革命老区和民族地区贫困县。

（2）试点期限。2016 年底启动，2019 年底结束。

（3）项目选择。在全国范围内选择不超过 20 个占用农村集体土地的水电或矿产资源开发项目开展试点。试点项目不限企业所有制性质，但应符合相关规划和产业政策及环境保护要求，并满足以下条件：

①水电开发应选择建设周期较短、经济性较好、征地面积和移

民人数适量的项目；矿产资源开发应选择以露天开采方式为主、预期盈利能力较强的项目。

②2017 年内完成审批核准程序并开工建设。

③征地范围不跨省（区、市）。

④征地及影响范围内的原住居民，应包括一定比例建档立卡贫困户。

⑤出具项目影响区域内原住居民同意参与试点、农村集体经济组织承诺优先分配给建档立卡贫困户集体股权收益等证明材料。

2. 试点内容

（1）准确界定入股资产范围。依法依规准确界定水电、矿产资源开发项目征收、征用的农村集体土地范围。入股资产应限于农村集体经济组织所有的耕地、林地、草地、未利用地等非建设用地的土地补偿费。

（2）明确入股主体和受益主体。农村集体经济组织为股权持有者，其成员为集体股权受益主体，建档立卡贫困户为优先受益对象。

（3）规范集体股权设置办法。农村集体经济组织选择以全额或者部分集体土地补偿费入股试点项目，并以农村集体经济组织为单位设置集体股权。

（4）保障集体股权收益。试点期间，集体股权原则上不得用于质押、担保，对依法转让的集体股权，项目投资建设单位享有优先回购权。集体股权持有者不参与项目经营管理和决策，但应享有知情权、监督权等股东基本权利。

（5）健全收益分配制度。建档立卡贫困户额外享有的集体股权收益分配权益，在其稳定脱贫后应有序退出，由农村集体经济组织重新分配。已脱贫农户享有与本集体经济组织其他成员平等的收益分配权。

（6）保障农村集体经济组织成员权益。集体股权收益分配制度的制定、调整、废止等，须经本集体经济组织成员会议或成员代表会议讨论通过后方可生效。加强集体股权民主监督管理，防止被少数人控制，发生侵蚀、侵吞原住居民利益的行为。

三、政策解读

《方案》明确指出，在贫困地区选择一批水电、矿产资源开发项目，用3年（2016年~2019年）的时间组织开展改革试点，探索建立农村集体经济组织成员，特别是建档立卡贫困户精准受益的资产收益扶贫长效机制。改革也将为贫困群众带来多项红利。针对一些贫困地区水电矿产资源富集，资源开发项目较多，但受现有资源开发收益分配机制的影响，资源开发难以带动当地经济社会发展，更难以惠及贫困人口的现状，改革试点方案提出要以水电、矿产资源开发项目占用集体土地的经济补偿为切入点，将土地补偿费折股量化，设立集体股权，并按股权比例逐年分配项目收益，让所涉及的群众能从资源开发中受益。

在入股资产的界定上，方案明确，入股资产应限于农村集体经济组织所有的耕地、林地、草地、未利用地等非建设用地的土地补偿费。

在入股主体和受益主体方面，《方案》明确农村集体经济组织为股权持有者，其成员为集体股权受益主体，建档立卡贫困户为优先受益对象。在集体股权设置上，《方案》明确指出，集体股权持有者不参与试点项目的经营管理和决策，但享有对剩余财产的优先分配权。

在收益保障方面，《方案》明确提出要探索建立集体股权收益保障制度，确保水电、矿产资源的开发切实惠及周边群众，特别是困难群体。

第三章　现代农业发展政策

中国的农业正面临全新的变革，中国现代农业的发展出现了新模式、新业态。作为农业生产经营者，只有洞察行业发展规律，认清自身优质势，谋势而动，才能在未来的发展中占得先机。

概　念

现代农业是在现代工业和现代科学技术基础上发展起来的农业。现代农业在本质上是用现代工业装备的，用现代科学技术武装的，用现代组织管理方法来经营的社会化、商品化农业，集先进技术、先进装备、先进管理于一身，是国民经济中具有较强竞争力的现代产业。主要特征有：（1）生产率和产出率高，经济效益好；（2）商业性强，以市场为导向，农产品商品率在90%以上；（3）生产用的物质装备先进，是知识密集型、技术密集型和资本密集型产业，投入较大；（4）管理方式现代化，有较强的组织管理体系，组织化程度较高。现代农业的基本类型大致包括：绿色农业、物理农业、休闲农业、工厂化农业、特色观光农业、立体农业和订单式农业。

总要求

党的十九大报告提出农业发展要坚持"创新、协调、绿色、开放、共享"的新发展理念，推动新型工业化、信息化、城镇化、农业现代化同步发展，把农业现代化放在突出位置。国务院印发的《全国农业现代化规划（2016—2020年）》明确提出要构建现代农业产业体系、生产体系、经营体系，走产出高效、产品安全、资源节约、环境友好的农业现代化发展道路。还指出现代农业的发展要以推进农业供给侧结构性改革，提高农业综合效益和竞争力为主要方向，坚持以我为主、立足国内、确保产能、适度进口、科技支撑的国家粮食安全战略，突出建设现代农业产业体系、生产体系、经营体系三个重点，促进农业发展再上新台阶。

第一节 产业结构调整

一、调整重点

（一）政策来源

（1）《关于坚持农业农村优先发展做好"三农"工作的若干意见》

（2）《中央农村工作领导小组办公室农业农村部关于做好 2019 年农业农村工作的实施意见》（中农发〔2019〕1 号）

（二）政策要点

1. 完善稻谷、小麦最低收购价政策和玉米生产者补贴，健全产粮大县奖补政策

适当调减低质低效区水稻、小麦种植。组织实施大豆振兴计划，完善大豆生产者补贴政策，扩大东北、黄淮海地区大豆种植面积。大力发展长江流域油菜生产。继续推进粮改饲。继续开展畜禽养殖标准化示范创建。新创建水产健康养殖示范场 500 个以上，推进海洋牧场建设，大力发展稻渔综合种养、大水面生态养殖和深远海养殖。

2. 发展现代种业

实施现代种业提升工程。实施畜禽种业振兴行动，以生猪、奶牛、肉牛、肉羊、肉鸡等为重点，推进畜禽品种联合攻关和遗传改良。打造"南繁硅谷"。

3. 加快发展现代农产品加工业

实施农产品加工业提升行动，发展农产品初加工。在优势产区和特色产区建成一批全国性产地示范市场、田头示范市场。

4. 加快发展乡村特色产业和新型服务业

培育一批家庭工场、手工作坊、乡村车间。积极发展果菜茶、食用菌、杂粮杂豆、薯类、中药材、特色养殖等产业。发展农村电商、共享农庄、创意农业、餐饮民宿、文化体验、健康养生、养老服务等新产业新业态，推介培育一批乡村休闲旅游精品和美丽乡村。

5. 深入推进品牌强农

加强农业品牌创建、培育和保护。塑强一批国家级农业品牌，创响一批"土字号""乡字号"特色产品品牌。

6. 立足国内保障粮食等重要农产品供给

将稻谷、小麦作为必保品种，加强"一带一路"农业国际合作，主动扩大国内紧缺农产品进口，加大农产品反走私综合治理力度。

（三）政策解读

2019 刚开年，中央一号文件和农业农村部一号文件陆续出台，为 2019 年全国农业农村发展指明了方向。从文件中可以看出，2019 年的"三农"工作将以实现农业农村现代化为总目标，以实施乡村振兴战略为总抓手，重点聚焦于脱贫攻坚、提升农业发展质量、稳定粮食生产、壮大乡村产业、农民持续增收、农村人居环境整治、深化农村改革、文明乡风建设等方面，把全面推进乡村振兴放在非常突出的位置。从文件具体内容来看，涵盖了农业、农村、农民及基层组织治理，内容详细，操作性强，条条都是干货，可以说既有高屋建瓴的顶层设计，需要长期抓持续抓的系统性工作，又有可操作可实施层面需要立即抓重点抓的具体内容，长期短期结合，远期近期衔接，给 2019 年农业农村工作怎么干、干什么、干到什么程度指明了方向，提供了遵循。

农业方面，要求要稳定粮食生产，保证口粮绝对安全，强化省长责任制考核；要调整产业结构，抓大豆振兴、奶业振兴，产量和质量并举，突出供给保障和农产品质量安全；抓供给侧结构性改革，注重绿色发展和品牌建设，提升产品附加值，不断实现农业大国向农业强国的转变。

二、调整方式

（一）政策来源

《国务院关于印发全国农业现代化规划（2016—2020 年）的通知》（国发〔2016〕58 号）

（二）政策要点

1. 坚持优产能调结构协调兼顾

以保障国家粮食安全为底线，更加注重提高农业综合生产能力，更加注重调整优化农业结构，提升供给体系质量和效率，加快形成数量平衡、结构合理、品质优良的有效供给。

2. 调整优化种植结构

坚持有保有压，推进以玉米为重点的种植业结构调整。稳定冬小麦面积，扩大专用小麦面积，巩固北方粳稻和南方双季稻生产能力。减少东北冷凉区、北方农牧交错区、西北风沙干旱区、太行山沿线区、西南石漠化区籽粒玉米面积，推进粮改饲。恢复和增加大豆面积，发展高蛋白食用大豆，保持东北优势区油用大豆生产能力，扩大粮豆轮作范围。在棉花、油料、糖料、蚕桑优势产区建设一批规模化、标准化生产基地。推动马铃薯主食产业开发。稳定大中城市郊区蔬菜保有面积，确保一定的自给率。在海南、广东、云南、广西等地建设国家南菜北运生产基地。

3. 提高畜牧业发展质量

统筹考虑种养规模和资源环境承载力，推进以生猪和草食畜牧业为重点的畜牧业结构调整，形成规模化生产、集约化经营为主导的产业发展格局，在畜牧业主产省（区）率先实现现代化。保持生猪生产稳定、猪肉基本自给，促进南方水网地区生猪养殖布局调整。加快发展草食畜牧业，扩大优质肉牛肉羊生产，加强奶源基地建设，提高国产乳品质量和品牌影响力。发展安全高效环保饲料产品，加快建设现代饲料工业体系。

4. 推进渔业转型升级

以保护资源和减量增收为重点，推进渔业结构调整。统筹布局渔业发展空间，合理确定湖泊和水库等公共水域养殖规模，稳定池塘养殖，推进稻田综合种养和低洼盐碱地养殖。大力发展水产健康养殖，加强养殖池塘改造。降低捕捞强度，减少捕捞产量，加大减船转产力度，进一步清理绝户网等违规渔具和"三无"（无捕捞许可证、无船舶登记证书、无船舶检验证书）渔船。加快渔政渔港等基础设施建设，完善全国渔政执法监管指挥调度平台。规范有序发展远洋渔业，完善远洋捕捞加工、流通、补给等产业链，建设海外渔业综合服务基地。

5. 壮大特色农林产品生产

开展特色农产品标准化生产示范，推广名优品种和适用技术，建设一批原产地保护基地，培育一批特色明显、类型多样、竞争力强的专业村、专业乡镇。实施木本粮油建设工程和林业特色产业工程，发展林下经济。

（三）政策解读

2016 年 10 月 17 日，国务院印发了《全国农业现代化规划（2016—2020 年）》（国发〔2016〕58 号），对"十三五"期间如何推进农业现代化工作做了全面的安排和部署，对推动农业现代化的重要性做了充分论述。调整农业产业结构是推进农业现代化的现实需求，也是提升农业发展质量和效益的关键措施，更是落实农业供给侧结构性改革的重要步骤。加强农业结构调整规划，优化产业结构布局，合理区隔产业区功能，对调整调优产业结构，减少低水平重复建设，平衡产能有非常重要的意义。

首先，对传统种植业而言，生产者应该充分认识到农业结构调整的重要意义，在充分吃透上级文件精神的基础上，结合地方实际，明白自己该种什么，种多少，该养什么，养多少。大力发展国家鼓励的产业，生产符合市场需要的产品，而不是反其道而行之，这样将会收益甚小，甚至血本无归。从全国来看，当前国家鼓励粮改饲，扩大饲料型玉米和大豆的种植面积。这些粮食作物都是战略性产业，国家会加大宏观调控力度，不会让市场有太多的波动，种植户开展饲料型玉米和大豆的种植将会有稳定的市场预期，如果大面积种植，还可争取到国家的相关补助。

其次，对传统养殖业而言，国家鼓励规模化、集约化养殖，支持乳品质量提升和品牌建设，这些都是发展趋势。养殖者应尽量减少散养规模，集中力量推动规模养殖场标准化建设。规模化养殖，虽然前期投入大，但是可以争取国家在标准化养殖场建设和大中型沼气池建设方面的补助，通过规模养殖，增加养殖效益。

再次，对农业特色产业发展而言，经营者应顺势而上，走特色发展之路。比如种植粮食类作物，可以发展优质的杂粮和粗粮，与主粮互补，丰富农产品种类；也可以走优质、绿色、生态的农业发展之路，走中高端路线，满足不同消费者需求，以质量取胜。在特色养殖方面，加强品牌培育、品种保护和质量安全追溯体系建设。大力发展林下经济也是很好的方向，不仅符合国家政策，而且随着国内中产阶级群体的扩大，其市场规模不可小觑。

第二节　农业产业化

一、政策来源

《农业部 国家发展改革委 财政部 国土资源部 人民银行 税务总局 关于促进农业产业化联合体发展的指导意见》（农经发〔2017〕9号）

二、政策要点

1. 农业产业化联合体

农业产业化联合体是龙头企业、农民合作社和家庭农场等新型农业经营主体以分工协作为前提，以规模经营为依托，以利益联结为纽带的一体化农业经营组织联盟。以独立经营，联合发展；龙头带动，合理分工；要素融通，稳定合作；产业增值，农民受益为发展特征。

2. 支持政策

（1）优化政策配套。落实中央各项支持政策，培育壮大新型农业经营主体。地方可结合本地实际，将现有支持龙头企业、农民合作社、家庭农场发展的农村一、二、三产业融合、农业综合开发等相关项目资金，向农业产业化联合体内符合条件的新型农业经营主体适当倾斜。支持龙头企业等新型农业经营主体参与产业扶贫，落实相关税收优惠政策。

（2）加大金融支持。鼓励地方采取财政贴息、融资担保、扩大抵（质）押物范围等综合措施，努力解决新型农业经营主体的融资难题。积极发展产业链金融，支持农业产业化联合体设立内部担保基金，放大银行贷款倍数。鼓励龙头企业加入人民银行征信中心应收账款融资服务平台，支持新型农业经营主体开展应收账款融资业务。鼓励探索"订单＋保险＋期货"模式，支持符合条件的龙头企业上市、新三板挂牌和融资、发债融资。鼓励具备条件的龙头企业发起组织农业互助保险，降低农业产业化联合体成员风险。

三、政策解读

2017 年，农业部、国家发改委、财政部、国土资源部、人民银行、税务总局六个部门联合印发了《关于促进农业产业化联合体发展的指导意见》，对如何发展农业产业化联合体提出了意见和要求，指出农业产业化联合体发展要以发展农业、富裕农民为目标，以发展现代农业为方向，创新农业经营体制机制，努力培育和发展一批示范带动作用突出、综合竞争力强、稳定可持续发展的农业产业化联合体，为农业农村发展注入新动能、新力量。农业产业化联合体是一个以分工协作为前提，以规模经营为依托，以利益联结为纽带的一体化农业经营组织联盟。农业产业化联合体以独立经营，联合发展；龙头带动，合理分工；要素融通，稳定合作；产业增值，农民受益为发展特征，突出市场导向和农民受益。

发展农业产业化联合体为新形势下创新完善农村新型经营主体、农业企业利益联结机制；为构建农户参与现代农业发展进程，分享现代农业发展成果、促进乡村振兴开辟了一条新路子；为帮助农民更多参与企业发展，与企业形成利益共同体探索了一个好办法，让农民有更多机会与企业共同分享产业发展利润，真正同龙头企业等经营主体形成利益共同体。产业化联合体可以发挥各类经营主体的产品优势、竞争优势和市场优势，能有效配置要素资源，在降低交易成本和违约风险、提高市场竞争力方面发挥着重要作用，有利于企业增效、农户增收，为未来农业企业发展探索了一条新路子。

第三节 小农户＋现代农业

一、政策来源

《关于促进小农户和现代农业发展有机衔接的意见》

二、政策要点

1. 提升小农户发展能力

（1）鼓励有长期稳定务农意愿的小农户稳步扩大规模，培育一批规模适度、生产集约、管理先进、效益明显的农户家庭农场。

（2）以提供补贴为杠杆，鼓励小农户接受新技术培训。新型职业农民培育工程和新型农业经营主体培育工程要将小农户作为重点培训对象，帮助小农户发展，使其成为新型职业农民。

（3）推广应用面向小农户的实用轻简型装备和技术。

（4）支持各地重点建设小农户急需的通田到地末级灌溉渠道、通村组道路、机耕生产道路、村内道路、农业面源污染治理等设施。

2. 提高小农户组织化程度

（1）支持小农户通过联户经营、联耕联种、组建合伙农场等方式联合开展生产。引导同一区域同一产业的小农户依法组建产业协会、联合会，共同对接市场，提升市场竞争能力。

（2）鼓励小农户利用实物、土地经营权、林权等作价出资办社入社，盘活农户资源要素。财政补助资金形成的资产，可以量化到小农户，再作为入社或入股的股份。

（4）鼓励小农户以土地经营权、林权等入股龙头企业并采取特殊保护，探索实行农民负盈不负亏的分配机制。

3. 拓展小农户增收空间

（1）引导小农户发展高品质农业、绿色生态农业，开展标准化生产、专业化经营，推进种养循环、农牧结合，生产高附加值农产品。实施小农户发展有机农业计划。

（2）支持小农户发展康养农业、创意农业、休闲农业及农产品初加工、农村电商等。支持小农户利用自然资源、文化遗产、闲置农房等发展观光旅游、餐饮民宿、养生养老等项目，拓展增收渠道。

（3）支持小农户结合自身优势和特长在农村创业创新。支持小农户在家庭种养基础上，通过发展特色手工和乡村旅游等，实现家庭生产的多业经营、综合创收。

4. 健全面向小农户的社会化服务体系

（1）为小农户提供多种形式的技术指导服务。探索通过政府购买服务等方式，为小农户提供生产公益性服务。

（2）推进农超对接、农批对接、农社对接，支持各地开展多种形式的农产品产销对接活动，拓展小农户营销渠道。

（3）实施互联网＋小农户计划。鼓励发展互联网云农场等模式。鼓励小农户开展网络购销对接，促进农产品流通线上线下有机结合。

5. 完善小农户扶持政策

（1）建立健全农村土地承包经营权登记制度，为小农户"确实权、颁铁证"。引导小农户自愿通过村组内互换并地、土地承包权退出等方式，促进土地小块并大块，引导逐步形成一户一块田。

（2）鼓励各地采取贴息、奖补、风险补偿等方式，撬动社会资本投入农业农村，带动小农户发展现代农业。对于财政支农项目投入形成的资产，鼓励具备条件的地方折股量化给小农户特别是贫困农户，让小农户享受分红收益。

（3）对发展绿色生态循环农业、保护农业资源环境的小农户给予合理补偿。健全小农户生产技术装备补贴机制。鼓励各地对小农户托管土地给予费用补贴。

（4）加大对小农户生产发展的信贷支持。鼓励发展为小农户服务的小额贷款机构，开发专门的信贷产品。

（5）拓宽小农户农业保险覆盖面。发展与小农户生产关系密切的农作物保险、主要畜产品保险、重要"菜篮子"品种保险和森林保险，推广农房、农机具、设施农业、渔业、制种等保险品种。加大针对小农户农业保险保费的补贴力度。

三、政策解读

近年来，在地理区位优势好、适合连片耕种的地区，规模经营和农业现代化取得了长足发展，农民收入大幅提高。但是从全国来看，尤其在广大丘陵、山区，由于地块零散、农业资源禀赋条件差异很大，在短时间内难以全面实行规模化经营，集中连片经营难以实现。在当前和今后很长一个时期，小农户家庭经营仍将是我国农业的主要经营方式。推动小农户转变生产方式、增加其收入、提高生产效率，必须正确处理好小农户和现代农业发展的关系。党的十九大报告提出，要实现小农户和现代农业发展有机衔接。在发展现代农业的同时，既鼓励有条件的地区发展多种形式的适度规模经营，也针对小农户的实际情况，完善其扶持政策，强化对小农户的社会化服务，把小农户发展引入现代农业发展轨道。

如何实现小农户和现代农业发展的有机衔接，中共中央办公厅、国务院办公厅印发的《关于促进小农户和现代农业发展有机衔接的意见》提出，要坚持"政府扶持、市场引导、统筹推进、协调发展、因地制宜、分类施策、尊重意愿、保护权益"的基本原则，强调政府扶持的重要性，突出因地制宜、分类施策的方法，各地在推进此项工作的时候要从实际出发，不能照搬照抄他地模式，不搞千篇一律，不搞一刀切。

在提升小农户发展能力方面，该意见提出要启动家庭农场培育计划，鼓励有长期稳定务农意愿的小农户稳步扩大规模，逐步提高自身发展能力；将小农户纳入新型职业农民培训及其他技术培训的重点对象，通过培训提高小农户自身科学文化素质及生产技能技术水平，增强自我发展能力；鼓励农机生产企业生产和研究面向小农户的实用轻简型技术装备，通过机械设备的引入提高小农户的农业生产效率。

在提高小农户组织化程度方面，该意见提出要支持小农户联户经营、联耕联种，引导同一区域同一产业的小农户依法组建产业协会，共同对接市场，提升市场竞争力；鼓励小农户利用实物、土地经营权、林权等作价出资办社入社，盘活农户发展要素资源；财政补助资金形成的资产，可以量化到小农户，再作为入社或入股的股份，赋予小农户更多政策财产性收益，提高小农户抱团参与市场竞争的能力。

在扶持政策方面，该意见提出稳定完善小农户土地政策、健全针对小农户补贴机制；提升金融服务小农户水平、拓宽小农户农业保险覆盖面等具体措施，全方位支持小农户的发展，给广大零散的小农户带来发展机遇。

第四节　农业＋互联网

一、农村电商

（一）政策来源

《国务院办公厅关于促进农村电子商务加快发展的指导意见》（国办发〔2015〕78号）

（二）政策要点

（1）鼓励电商、物流、商贸、金融、供销、邮政、快递等各类社会资源加强合作，构建农村购物网络平台，参与农村电子商务发展。

（2）在农业生产、加工、流通等环节，加强互联网技术应用和推广，拓宽农产品、民俗产品、乡村旅游等市场，在促进工业品、农业生产资料下乡的同时，为农产品进城拓展更大空间。

（3）改善农村电子商务发展环境。加强农村流通基础设施建设，提高农村宽带普及率，加强农村公路建设，提高农村物流配送能力；加强政策扶持，加强人才培养，营造良好市场环境。

（4）加强政策扶持。深入开展电子商务进农村综合示范，优先在革命老区和贫困地区实施，有关财政支持资金不得用于网络交易平台的建设。鼓励引导电商企业开辟革命老区和贫困地区特色农产品网上销售平台，与合作社、种养大户等建立直采直供关系，增加就业和增收渠道。

（5）加快完善农村物流体系。鼓励传统农村商贸企业建设乡镇商贸中心和配送中心，发展第三方配送和共同配送，重点支持老少边穷地区物流设施建设，提高流通效率。加强农产品产地集配和冷链等设施建设。

（6）加强农村基础设施建设。加快农村信息基础设施建设和宽带普及。以建制村通硬化路为重点加快农村公路建设，推进城乡客运一体化，推动有条件的地区实施农村客运线路公交化改造。

（8）加大金融支持力度。加大对电子商务创业农民尤其是青年农民的授信和贷款支持。简化农村网商小额短期贷款手续。符合条件的农村网商，可按规定享受创业担保贷款及贴息政策。

（8）鼓励发展农业生产资料电子商务，开展农业生产资料精准服务。创新休闲农业网上营销和交易模式。组织开展电商产销对接活动，推动农产品上网销售。组织新型农业经营主体、农产品经销商、国有农场和农业企业对接电子商务平台和电子商务信息公共服务平台，推动农业经营主体开展电子商务，促进"三品一标""一村一品""名特优新"等农产品上网销售。

（三）政策解读

当前，电商发展方兴未艾，各行各业都在推动产业的转型升级，深化与互联网的融合，农村地区也是如此。随着互联网和手机购物应用的普及，很多深山中的优质农产品通过互联网卖到了全国各地，电商发展促进了农业发展和农民增收。为了促进农村电商健康有序的发展，国务院办公厅制定印发了《关于促进农村电子商务加快发展的指导意见》，这是继此前多项政策文件出台后，政府再次发文支持农村电商发展，足以看出政府对发展农村电商的高度重视。

农村电子商务之所以受到社会各界的高度关注，是因为一方面它为解决"三农"问题提供了新的动力和手段，通过网络让农产品突破本地市场局限，找到广阔商机；另一方面随着农村互联网、物流设施的改善，农村电子商务的发展成为必然。

未来农村电商发展的重点是什么？发展方向怎样？在指导意见中有明确答案：一是要重点培育农村电子商务发展主体，搭建农村网络购物平台；二是要扩大电子商务应用范围，拓宽应用领域；三是要加强农村电商硬件、软件建设，把发展电子商务的基础设施建设好。从支持的措施来看，包括人才培养、建设物流体系、加大金融支持等，这些措施将会助力农村电商发展。

二、农商互联

（一）政策来源

《商务部关于推进农商互联助力乡村振兴的通知》

（二）政策要点

1. 发展订单农业

支持农产品流通企业或新型农业经营主体向生产或销售环节延伸产业链条，实现产加销全产业链一体化经营。

2. 发展新型农业经营主体

组织农户通过土地流转、托管等各种方式开展适度规模经营。

3. 培育打造农产品品牌

打造全产业链条标准体系。推动农产品流通企业和新型农业经营主体加强标准的推广应用，提升农产品生产和流通的标准化水平。加强农产品冷链流通基础设施建设。鼓励新型农业经营主体、农产品流通企业加强流通设施建设，加快特色农产品电商平台建设。

4. 扶持贫困地区农产品产销对接

推动农产品流通企业深入贫困地区。支持和鼓励农产品批发市场、零售企业和农产品电商企业设立贫困地区农产品销售专档、销售专柜和扶贫频道，推动贫困地区农产品进学校、进企业、进机关、进社区，拓展销售渠道。

5. 参与主体及资质条件

（1）参与主体。农商互联的"农"主要包括农民合作社、农业产业化龙头企业、家庭农场等新型农业经营主体，"商"主要包括农产品批发市场、经营生鲜农产品的大型连锁超市及批发零售企业、农产品电商企业等农产品流通企业。

（2）资质要求。参与主体应具有独立法人资格，产品、设施设备和操作流程等符合现行国家和行业标准，无违法违规等不良记录，一年内未发生质量、安全等重大事故，并按要求定期报送相关数据和资料。

（3）重点区域。农商互联在全国范围内开展，优先鼓励在国家级贫困县开展。

（三）政策解读

2018 年，商务部出台了推进农商互联助力乡村振兴的通知，明确提出要大力推进农商互联，推动农产品流通企业与农业经营主体联产品、联设施、联标准、联数据、联市场，实现产供销一体化，解决农产品销售难的问题。对农业生产者来讲，把农产品销售出去是最重要的一个环节；农产品采收后如不能及时卖出去，不仅会大幅增加农产品的保鲜成本，而且严重的话会直接变质腐烂掉，农民将血本无归。所以发展订单式农业，搞好农商对接，市场需要多少，新型经营主体就组织生产多少，而不是盲目地搞一哄而上，最后导致供大于求，造成农产品卖不出去的局面。要实现农商互联，产销信息、市场供求信息需要完全对等和畅通，也需要供求双方建立良好的合作和信任关系，同时对新型农业经营主体提出了更高要求：一方面要拓宽市场渠道，找客户；另一方面要有较强的组织生产能力，能合理预计生产及产品交付时间，在规定的时间期限内按质按量完成产品的交付。

通知中，一方面重点提到支持和鼓励适度规模经营，培育农产品品牌，加强标准体系和基础设施建设。这些措施的出发点就是通过对农产品标准化、规模化和品牌化的打造，有利于供求双方建立联系和信任。这给新型经营主体的启示就是要加大农产品品牌建设力度，在"三品一标"认证、认定上下功夫。另一方面提到要加强农产品流通基础设施建设，增大冷库容量，为农产品保鲜或者暂时销售不出去的农产品提供储藏条件，在一定程度上减少农产品因卖不出去而造成的损失。对一些贫困地区来说，可能暂时不具备发展订单式农业的条件，也没有大量需要外销的农产品。针对这种情况，可以通过扶贫销售渠道，将农产品与驻地或者附近的学校、企业、社区、食堂进行对接，这不仅降低了运输成本，而且还能吃上新鲜农产品，实现了供求双方的双赢。

三、农村流通现代化

（一）政策来源

《商务部办公厅中华全国供销合作总社办公厅关于深化战略合作

推进农村流通现代化的通知》（商办建函〔2018〕107号）

（二）政策要点

（1）加快推进"互联网＋现代农业"，促进城乡商品双向流通。依托"供销e家"全国平台和线下实体网络，把综合服务社、连锁便利店等经营业务嫁接到网上，加快推进线上线下一体化发展。

（2）鼓励供销合作社农产品市场、连锁超市和"供销e家"等积极向农业生产延伸产业链，与新型农业经营主体开展合资合作、直采直销、订单农业等合作，打造产加销一体化农产品供应链，培育农产品品牌。支持"供销e家"电商平台开展扶贫产品追溯体系建设，探索利用追溯体系进行消费精准扶贫的有效途径。

（3）打造再生资源回收网络，促进乡村绿色发展。鼓励在农村开展废弃物和垃圾回收等业务，开展"绿色兑换"等活动。供销合作社要加快再生资源回收网点的下沉，开展生产生活垃圾回收利用、废旧地膜回收加工、秸秆综合利用等服务，促进资源循环和高效利用。

（三）政策解读

2018年3月，商务部办公厅、中华全国供销合作总社办公厅联合印发了《关于深化战略合作推进农村流通现代化的通知》，该通知明确提出要加快农村电商发展，培育乡村振兴新动能，推进农产品流通现代化，打造再生资源回收网络，促进乡村绿色发展。这项政策的着力点在于解决农村物流网络发展滞后的问题。长期以来，农村由于基础设施建设不足，交通网络、宽带网络发展滞后，加之村落零散不集中、物流需求不旺等原因，村寨间的物流网络一直难以真正建立起来，更别说农村流通现代化，这就导致了农民要买卖商品只能集中到附近的集市上。赶集天由于人流量大，集市拥挤，不仅难以买到称心如意的商品，而且还因人车拥挤存在安全隐患，不利于构建现代化的农村物流网络。

推动农村流通现代化将带来两个发展机遇：一是相对于城市成熟完善的物流网络，农村市场发展潜力巨大，这将给致力于发展物流、配送、运输的个人或企业带来商机。可以选择在乡镇、集市及人口相对集中的村设立物流点，集中运输和配送。尽管目前对农民来讲，还难以在短时间内形成网络购物的消费习惯，但是，从长远来说，网络购物是一个发展趋势，提早布局农村市场不失为一个好的选择。二是农村有良好的生态环境，一些偏远的农村地区还采用相对传统的农业生产和耕作方式，所生产的农产品生长周期长，品质好，颇受消费者喜欢。有了便利的农村物流，农民朋友可以通过农产品电商平台，将自己生产的优质农产品卖到全国各地。有更多的消费者和市场可供选择，对提高农产品生产收入有较大帮助。

第五节　绿色发展

一、创新体制机制推进农业绿色发展

（一）政策来源

《关于创新体制机制推进农业绿色发展的意见》

（二）政策要点

1. 优化农业主体功能与空间布局

（1）落实农业功能区制度。将农业发展区域细划为优化发展区、适度发展区、保护发展区，明确区域发展重点。加快划定粮食生产功能区、重要农产品生产保护区，认定特色农产品优势区，明确区域生产功能。

（2）建立农业生产力布局制度。在优化发展区更好发挥资源优势，提升重要农产品生产能力；在适度发展区加快调整农业结构，限制资源消耗大的产业规模；在保护发展区坚持保护优先、限制开发，加大生态建设力度，实现保供给与保生态有机统一。完善粮食主产区利益补偿机制，健全粮食产销协作机制，推动粮食产销横向利益补偿。鼓励地方积极开展试验示范、农垦率先示范，提高军地农业绿色发展水平。推进国家农业可持续发展试验示范区创建，同时使其成为农业绿色发展的试点先行区。

（3）完善农业资源环境管控制度。强化耕地、草原、渔业水域、湿地等用途管控，严控围湖造田、滥垦滥占草原等不合理开发建设活动对资源环境的破坏。坚持最严格的耕地保护制度，全面落实永久基本农田特殊保护政策措施。（4）建立农业绿色循环低碳生产制度。在华北、西北等地下水过度利用区适度压减高耗水作物，在东北地区严格控制旱改水，选育推广节肥、节水、抗病新品种。以土地消纳粪污能力确定养殖规模，引导畜牧业生产向环境容量大的地区转移，科学合理划定禁养区，适度调减南方水网地区养殖总量。禁养区划定减少的畜禽规模养殖用地，可在适宜养殖区域按有关规定及时予以安排，并强化服务。实施动物疫病净化计划，推动动物疫病防控从有效控制到逐步净化消灭转变。推行水产健康养殖制度，合理确定湖泊、水库、滩涂、近岸海域等养殖规模和养殖密度，逐步减少河流湖库、近岸海域投饵网箱养殖，防控水产养殖污染。建立低碳、低耗、循环、高效的加工流通体系。探索区域农业循环利用机制，实施粮经饲统筹、种养加结合、农林牧渔融合循环发展。

（5）建立贫困地区农业绿色开发机制。立足贫困地区资源禀赋，坚持保护环境优先，因地制宜选择有资源优势的特色产业，推进产业精准扶贫。把贫困地区生态环境优势转化为经济优势，推行绿色生产方式，大力发展绿色、有机和地理标志优质特色农产品，支持创建区域品牌；推进一二三产融合发展，发挥生态资源优势，发展休闲农业和乡村旅游，带动贫困农户脱贫致富。

2. 强化资源保护与节约利用

（1）建立耕地轮作休耕制度。推动用地与养地相结合，集成推广绿色生产、综合治理的技术模式，在确保国家粮食安全和农民收入稳定增长的前提下，对土壤污染严重、区域生态功能退化、可利用水资源匮乏等不宜连续耕作的农田实行轮作休耕。降低耕地利用强度，落实东北黑土地保护制度，管控西北内陆、沿海滩涂等区域开垦耕地行为。全面建立耕地质量监测和等级评价制度，明确经营者耕地保护主体责任。实施土地整治，推进高标准农田建设。

（2）建立节约高效的农业用水制度。推行农业灌溉用水总量控制和定额管理。强化农业取水许可管理，严格控制地下水利用，加大地下水超采治理力度。全面推进农业水价综合改革，按照总体不增加农民负担的原则，加快建立合理的农业水价形成机制和节水激励机制，切实保护农民合理用水权益，提高农民有偿用水意识和节水积极性。突出农艺节水和工程节水措施，推广水肥一体化及喷灌、微灌、管道输水灌溉等农业节水技术，健全基层节水农业技术推广服务体系。充分利用天然降水，积极有序发展雨养农业。

（3）健全农业生物资源保护与利用体系。加强动植物种质资源保护利用，加快国家种质资源库、畜禽水产基因库和资源保护场（区、圃）规划建设，推进种质资源收集保存、鉴定和育种，全面普查农作物种质资源。加强野生动植物自然保护区建设，推进濒危野生植物资源原生境保护、移植保存和人工繁育。实施生物多样性保护重大工程，开展濒危野生动植物物种调查和专项救护，实施珍稀濒危水生生物保护行动计划和长江珍稀特有水生生物拯救工程。加强海洋渔业资源调查研究能力建设。完善外来物种风险监测评估与防控机制，建设生物天敌繁育基地和关键区域生物入侵阻隔带，扩大生物替代防治示范技术试点规模。

3. 加强产地环境保护与治理

（1）建立工业和城镇污染向农业转移防控机制。制定农田污染控制标准，建立监测体系，严格工业和城镇污染物处理和达标排放，依法禁止未经处理达标的工业和城镇污染物进入农田、养殖水域等农业区域。强化经常性执法监管制度建设。出台耕地土壤污染治理及效果评价标准，开展污染耕地分类治理。

（2）健全农业投入品减量使用制度。继续实施化肥农药使用量零增长行动，推广有机肥替代化肥、测土配方施肥，强化病虫害统防统治和全程绿色防控。完善农药风险评估技术标准体系，加快实施高剧毒农药替代计划。规范限量使用饲料添加剂，减量使用兽用抗菌药物。建立农业投入品电子追溯制度，严格农业投入品生产和使用管理，支持低消耗、低残留、低污染农业投入品生产。

（3）完善秸秆和畜禽粪污等资源化利用制度。严格依法落实秸秆禁烧制度，整县推进秸秆全量化综合利用，优先开展就地还田。推进秸秆发电并网运行和全额保障性收购，开展秸秆高值化、产业化利用，落实好沼气、秸秆等可再生能源电价政策。开展尾菜、农产品加工副产物资源化利用。以沼气和生物天然气为主要处理方向，以农用有机肥和农村能源为主要利用方向，强化畜禽粪污资源化利用，依法落实规模养殖环境评价准入制度，明确地方政府属地责任和规模养殖场主体责任。依据土地利用规划，积极保障秸秆和畜禽粪污资源化利用用地。健全病死畜禽无害化处理体系，引导对病死畜禽进行集中处理。

（4）完善废旧地膜和包装废弃物等回收处理制度。加快出台新的地膜标准，依法强制生产、销售和使用符合标准的加厚地膜，以县为单位开展地膜使用全回收、消除土壤残留等试验试点。建立农药包装废弃物等回收和集中处理体系，落实使用者妥善收集、生产者和经营者回收处理的责任。

4. 养护修复农业生态系统

（1）构建田园生态系统。遵循生态系统整体性、生物多样性规律，合理确定种养规模，建设完善生物缓冲带、防护林网、灌溉渠系等田间基础设施，恢复田间生物群落和生态链，实现农田生态循环和稳定。优化乡村种植、养殖、居住等功能布局，拓展农业多种功能，打造种养结合、生态循环、环境优美的田园生态系统。

（2）创新草原保护制度。健全草原产权制度，规范草原经营权流转，探索建立全民所有草原资源有偿使用和分级行使所有权制度。落实草原生态保护补助奖励政策，严格实施草原禁牧休牧轮牧和草畜平衡制度，防止超载过牧。加强严重退化、沙化草原治理。完善草原监管制度，加强草原监理体系建设，强化草原征占用审核审批管理，落实土地用途管制制度。

（3）健全水生生态保护修复制度。科学划定江河湖海限捕、禁捕区域，健全海洋伏季休渔和长江、黄河、珠江等重点河流禁渔期制度，率先在长江流域水生生物保护区实现全面禁捕，严厉打击"绝户网"等非法捕捞行为。实施海洋渔业资源总量管理制度，完善渔船管理制度，建立幼鱼资源保护机制，开展捕捞限额试点，推进海洋牧场建设。完善水生生物增殖放流，加强水生生物资源养护。因地制宜实施河湖水系自然连通，确定河道砂石禁采区、禁采期。

（4）实行林业和湿地养护制度。建设覆盖全面、布局合理、结构优化的农田防护林和村镇绿化林带。严格实施湿地分级管理制度，严格保护国际重要湿地、国家重要湿地、国家级湿地自然保护区和国家湿地公园等重要湿地。开展退化湿地恢复和修复，严格控制开发利用和围垦强度。加快构建退耕还林还草、退耕还湿、防沙治沙，以及石漠化、水土流失综合生态治理长效机制。

5. 健全创新驱动与约束激励机制

（1）构建支撑农业绿色发展的科技创新体系。完善科研单位、高校、企业等各类创新主体协同攻关机制，开展以农业绿色生产为重点的科技联合攻关。在农业投入品减量高效利用、种业主要作物联合攻关、有害生物绿色防控、废弃物资源化利用、产地环境修复和农产品绿色加工贮藏等领域尽快取得一批突破性科研成果。完善农业绿色科技创新成果评价和转化机制，探索建立农业技术环境风险评估体系，加快成熟适用绿色技术、绿色品种的示范、推广和应用。借鉴国际农业绿色发展经验，加强国际间科技和成果交流合作。

（2）完善农业生态补贴制度。建立与耕地地力提升和责任落实相挂钩的耕地地力保护补贴机制。改革完善农产品价格形成机制，深化棉花目标价格补贴，统筹玉米和大豆生产者补贴，坚持补贴向优势区倾斜，减少或退出非优势区补贴。改革渔业补贴政策，支持捕捞渔民减船转产、海洋牧场建设、增殖放流等资源养护措施。完善耕地、草原、森林、湿地、水生生物等生态补偿政策，继续支持退耕还林还草。有效利用绿色金融激励机制，探索绿色金融服务农业绿色发展的有效方式，加大绿色信贷及专业化担保支持力度，创新绿色生态农业保险产品。加大政府和社会资本合作（PPP）在农业绿色发展领域的推广应用，引导社会资本投向农业资源节约、废弃物资源化利用、动物疫病净化和生态保护修复等领域。

（3）建立绿色农业标准体系。清理、废止与农业绿色发展不适应的标准和行业规范。制定修订农兽药残留、畜禽屠宰、饲料卫生安全、冷链物流、畜禽粪污资源化利用、水产养殖尾水排放等国家标准和行业标准。强化农产品质量安全认证机构监管和认证过程管控。改革无公害农产品认证制度，加快建立统一的绿色农产品市场准入标准，提升绿色食品、有机农产品和地理标志农产品等认证的公信力和权威性。实施农业绿色品牌战略，培育具有区域优势特色和国际竞争力的农产品区域公用品牌、企业品牌和产品品牌。加强农产品质量安全全程监管，健全与市场准入相衔接的食用农产品合格证制度，依托现有资源建立国家农产品质量安全追溯管理平台，加快农产品质量安全追溯体系建设。积极参与国际标准的制定修订，推进农产品认证结果互认。

（4）完善绿色农业法律法规体系。研究制定修订体现农业绿色发展需求的法律法规，完善耕地保护、农业污染防治、农业生态保护、农业投入品管理等方面的法律制度。开展农业节约用水立法研究工作。加大执法和监督力度，依法打击破坏农业资源环境的违法行为。健全重大环境事件和污染事故责任追究制度及损害赔偿制度，提高违法成本和惩罚标准。

（5）建立农业资源环境生态监测预警体系。建立耕地、草原、渔业水域、生物资源、产地环境以及农产品生产、市场、消费信息监测体系，加强基础设施建设，统一标准方法，实时监测报告，科学分析评价，及时发布预警。定期监测农业资源环境承载能力，建立重要农业资源台账制度，构建充分体现资源稀缺和损耗程度的生产成本核算机制，研究农业生态价值统计方法。充分利用农业信息技术，构建天空地数字农业管理系统。

（6）健全农业人才培养机制。把节约利用农业资源、保护产地环境、提升生态服务功能等内容纳入农业人才培养范畴，培养一批具有绿色发展理念、掌握绿色生产技术技能的农业人才和新型职业农民。积极培育新型农业经营主体，鼓励其率先开展绿色生产。健全生态管护员制度，在生态环境脆弱地区因地制宜增加护林员、草管员等公益岗位。

（三）政策解读

《关于创新体制机制推进农业绿色发展的意见》明确了推进农业绿色发展的总体要求、基本原则、目标任务和保障措施，在体制机制层面作出一系列约束与激励并重的制度性安排，将对实现农业可持续发展、加快农业现代化建设产生十分重要的推动作用。

加快农业绿色发展，重点需在调整完善农业生产力布局、节约高效利用水土资源、科学使用农业投入品、加强产地环境治理保护等方面开展工作。而在这当中涉及的并非农业单方面的提升，也随之激活了诸多跨界合作的产业融合机会、创新创业机会。农业绿色发展除了循环农业、再生农业、有机肥加工、休闲农业等方面的开发应用，还包括农业与工业、旅游、文化、教育、金融、服务业等领域的"牵手"发展。绿色发展理念在折射出中国农业天人合一、道法自然等优秀传统生态价值观的同时，也是现代农业高质量发展的必然要求。显然，谁善抓绿色机遇，就能赢得发展先机。

二、畜禽养殖废弃物资源化利用

（一）政策来源

《关于加快推进畜禽养殖废弃物资源化利用的意见》（国办发〔2017〕48号）

（二）政策要点

1. 具体要求

（1）严格落实畜禽规模养殖环评制度。新建或改扩建畜禽规模养殖场，应突出养分综合利用，配套与养殖规模和处理工艺相适应的粪污消纳用地，配备必要的粪污收集、贮存、处理、利用设施，依法进行环境影响评价。对未依法进行环境影响评价的畜禽规模养殖场，环保部门予以处罚。

（2）完善畜禽养殖污染监管制度。实施畜禽规模养殖场分类管理，对设有固定排污口的畜禽规模养殖场，依法核发排污许可证，依法严格监管。

（3）落实规模养殖场主体责任制度。畜禽规模养殖场要严格执行环境保护法、畜禽规模养殖污染防治条例、水污染防治行动计划、土壤污染防治行动计划等法律法规和规定，切实履行环境保护主体责任。

2. 政策支持

（1）加强财税政策支持。启动中央财政畜禽粪污资源化利用试点，实施种养业循环一体化工程，整县推进畜禽粪污资源化利用。以果菜茶大县和畜牧大县等为重点，实施有机肥替代化肥行动。鼓励地方政府利用中央财政农机购置补贴资金，对畜禽养殖废弃物资源化利用装备实行敞开补贴。开展规模化生物天然气工程和大中型沼气工程建设。落实沼气发电上网标杆电价和上网电量全额保障性收购政策，降低单机发电功率门槛。

（2）统筹解决用地用电问题。完善规模养殖设施用地政策，提高设施用地利用效率，提高规模养殖场粪污资源化利用和有机肥生产积造设施用地占比及规模上限。落实规模养殖场内养殖相关活动农业用电政策。

（3）加快畜牧业转型升级。优化调整生猪养殖布局，向粮食主产区和环境容量大的地区转移。大力发展标准化规模养殖，建设自动喂料、自动饮水、环境控制等现代化装备，推广节水、节料等清洁养殖工艺和干清粪、微生物发酵等实用技术，实现源头减量。加强规模养殖场精细化管理，推行标准化、规范化饲养，推广散装饲料和精准配方，提高饲料转化效率。加快畜禽品种遗传改良进程，提升母畜繁殖性能，提高综合生产能力。落实畜禽疫病综合防控措施，降低发病率和死亡率。以畜牧大县为重点，支持规模养殖场圈舍标准化改造和设备更新，配套建设粪污资源化利用设施。以生态养殖场为重点，继续开展畜禽养殖标准化示范创建。

（4）加强科技及装备支撑。以畜牧大县为重点，加大技术培训力度，加强示范引领，提升养殖场粪污资源化利用水平。

（三）政策解读

加快畜禽养殖废弃物资源化利用和无害化处理，关乎农村居民生产生活环境，关乎土壤肥力改善，也关乎农村能源建设。把农业面源污染治理好，这是一件利国利民利长远的好事。党中央、国务院高度重视农业面源污染治理，国务院办公厅也在 2017 年印发了《关于加快推进畜禽养殖废弃物资源化利用的意见》（国办发〔2017〕48 号），对养殖场的建设环评、养殖污染监管、养殖场的主体责任及政策支持方向做了明确。

改革开放以来，养殖业的快速发展为人民提供了大量的肉、蛋、奶供应，为推动国家经济社会发展做出了重要贡献，但正如一个硬币有两面一样，畜禽养殖业在保障城乡居民肉蛋奶供应的同时，也产生了大量的畜禽粪污，如果处理不及时或不得当，很容易造成环境污染，对农民的生产生活和农村人居环境带来不利影响。必须加快转型升级，走绿色可持续发展之路，是产业发展的需要，也是推动养殖业供给侧结构性改革的重要措施。《意见》明确要求建立科学规范、权责清晰、约束有力的制度体系，在养殖场建设时落实严格的环评制度，严加监管，切实发挥养殖企业的主体责任，并在财税、用电用地、优化布局、强化科技支撑和技术培训等方面进行扶持，这不仅为养殖企业推动畜禽粪便资源化利用和无害化处理减轻负担，提高经济效益，还将为促进养殖业健康可持续发展做出积极贡献。

三、长江经济带绿色发展

（一）政策来源

《农业农村部关于支持长江经济带农业农村绿色发展的实施意见》（农计发〔2018〕23号）

（二）政策要点

1. 强化水生生物多样性保护。推进长江禁捕。在长江流域重点水域开展禁捕试点，到2020年实现长江干流及重要支流全面禁捕。

2. 深入推进化肥农药减量增效

（1）推进化肥减量增效。支持长江经济带11省（市）实施化肥使用量负增长行动，选择一批重点县（市）开展化肥减量增效示范。

（2）推进农药减量增效。支持长江经济带11省（市）实施农药使用量负增长行动，建设一批病虫害统防统治与绿色防控融合示范基地、稻田综合种养示范基地，扩大绿色防控覆盖范围。

（3）推进用有机肥替代化肥。支持长江经济带11省（市）在果菜茶优势产区、核心产区和知名品牌生产基地，全面实施有机肥替代化肥政策，集中打造一批有机肥替代化肥、绿色优质农产品生产基地（园区），加快形成一批可复制、可推广、可持续的组织方式和技术模式。

3. 协同推进长江经济带农业农村绿色发展与乡村振兴

（1）推动种植业提质增效。高标准农田建设资金优先支持长江经济带流域第一批完成"两区"划定任务县。支持发展节水农业，培育推广耐旱品种，因地制宜推广管道输水等高效灌溉技术。

（2）推动畜禽养殖业转型升级。进一步提高标准化规模养殖示范创建标准，以生猪、家禽、肉牛等主要畜禽规模养殖场为重点，兼顾其他畜禽品种，推进种养结合、农牧循环发展。

（3）推动水产生态健康养殖。支持发展碳汇渔业、净水渔业。支持发展休闲观光渔业，把水产养殖场建设成为美丽渔场、水上景观。

（4）推动农村一、二、三产业融合发展。支持长江经济带11省（市）培育打造和创建一批农村一、二、三产业融合发展先导区、农村产业融合发展示范园、现代农业产业园、农产品加工园区、农业产业强镇、美丽乡村、农村创业创新园区等平台载体，推进农产品精深加工与初加工、综合利用加工协调发展。支持农产品精深加工、综合利用、休闲农业和乡村旅游等产业发展，支持流域省份新型经营主体建设农产品产地初加工设施。

3.5 打好产业扶贫三年攻坚战。扶持贫困地区农产品产销对接，加强产地市场和仓储冷链物流体系建设，打造特色品牌，提升产销信息服务水平。加强贫困地区特色产业发展的财政资金投入、金融保险扶持、科技服务、风险防范等支撑保障能力建设。

（三）政策解读

长江经济带覆盖上海、江苏、浙江、安徽、江西、湖北、湖南、重庆、四川、云南、贵州等11省市，面积约205万平方公里，占全国的21%，人口和经济总量均超过全国的40%，事关全国经济社会发展全局。长江经济带是具有全球影响力的内河经济带、是东中西互动合作的协调发展带、也是沿海沿江沿边全面推进的对内对外开放带，还是生态文明建设的先行示范带，抓好长江经济带农业农村绿色发展工作责任重大，意义深远。

农业农村部出台了《关于支持长江经济带农业农村绿色发展的实施意见》，提出了包括长江禁捕、农药化肥减量增效、种植业养殖业提质增效、产业融合发展等在内的一揽子措施，措施的指向性和目的性非常明确。推行长江禁捕，禁止人为过度捕捞，合理保护长江鱼类，有利于生物多样性保护和恢复长江的生态系统；而针对农药化肥的施用要采取减量增效，而不是禁止使用，目的就是通过逐步减少施用量来达到推动绿色发展。逐步减少农药化肥施用量不会一下子影响农业生产，有利于措施推行，体现了政策的合理性。另外，通过科学用药、合理施肥、发展有机肥替代等方式来保证产出，减少了农业投入品的过度消耗带来的面源污染问题。推动畜禽养殖业转型和水产生态养殖，就是要加大畜禽粪便综合利用和循环使用，搞种养结合，降低因畜禽粪便处理不当造成长江水体氮磷负荷加重的情况，实现保护长江与推动农业绿色发展"双赢"。这些措施和扶持政策将给长江经济带范围内的 11 个省（市）带来发展机遇，也将推动这些地区农业发展的转型升级和提质增效。

第六节　农产品质量安全

一、监管与执法

（一）政策来源

《中共中央国务院关于深化改革加强食品安全工作的意见》

（二）政策要点

1. 实施最严格的监管

（1）严把农业投入品生产使用关。严禁使用国家明令禁止的农业投入品，严格落实定点经营和实名购买制度。将高毒农药禁用范围逐步扩大到所有食用农产品。落实农业生产经营记录制度、农业投入品使用记录制度，防范农药兽药残留超标。

（2）严把粮食收储质量安全关。积极探索建立质量追溯制度，加强烘干、存储和检验监测能力建设，防止发霉变质受损。严禁不符合食品安全标准的粮食流入口粮市场和食品生产企业。

（3）严把食品加工质量安全关。对一般风险企业实施按比例"双随机"抽查，对高风险企业实施重点检查，对问题线索企业实施飞行检查。加强保健食品等特殊食品监管。将体系检查从婴幼儿配方乳粉逐步扩大到高风险大宗消费食品，着力解决生产过程不合规、非法添加、超范围超限量使用食品添加剂等问题。

（4）严把流通销售质量安全关。严格执行全过程温控标准和规范，落实食品运输在途监管责任，防止食物脱冷变质。严查临期、过期食品翻新销售。严格执行畜禽屠宰检验检疫制度。加强食品集中交易市场监管。

（5）严把餐饮服务质量安全关。严格执行进货查验、加工操作、清洗消毒、人员管理等规定。集体用餐单位要建立稳定的食材供应渠道和追溯记录。严格落实网络订餐平台责任，保证线上线下餐饮同标同质，保证一次性餐具制品质量安全，所有提供网上订餐服务的餐饮单位必须有实体店经营资格。

2. 实行最严厉的处罚

（1）推动农产品追溯入法。推动危害食品安全的制假售假行为"直接入刑"。依法严肃追究故意违法者的民事赔偿责任。

（2）严厉打击违法犯罪。大幅提高违法成本，实行食品行业从业禁止、终身禁业，对再犯从严从重进行处罚。对情节严重、影响恶劣的危害食品安全刑事案件依法从重判罚。探索建立食品安全民事公益诉讼惩罚性赔偿制度。

（3）强化信用联合惩戒。推进食品工业企业诚信体系建设。实行食品生产经营企业信用分级分类管理。进一步完善食品安全严重失信者名单认定机制，加大对失信人员的联合惩戒力度。

（三）政策解读

农产品质量安全不是一个新话题，这个问题由来已久，针对农产品质量安全的研究很多，出台的政策也不少，但是能否真正使农产品质量安全长期得到保障，仅仅靠生产者和从业者的自律是远远不够的，还需要全环节全流程的监管和严厉的体系执法。

首先是监管。农产品质量安全监管必须注重源头监管，从源头上想办法，保证违法投入品不被生产出来，一旦生产出来易流入市场，监管的难度就大大增加。因此，如何实现对生产者的全流程监管是重中之重，也是质量安全监管部门必须要解决的难题。其次是执法。充分运用人防、技防等手段，严厉监控生产者、销售者的违法行为，采取最严厉的打击措施，提高违法成本，让违法者不敢为、不能为，同时将农产品质量安全领域的失信纳入全国信用系统，一旦失信，将影响个人买房、贷款、坐高铁、坐飞机，让失信者走投无路。

二、食品安全战略

（一）政策来源

《乡村振兴战略规划（2018—2022 年）》

（二）政策要点

实施食品安全战略，加快完善农产品质量和食品安全标准、监管体系，加快建立农产品质量分级及产地准出、市场准入制度。完善农兽药残留限量标准体系，推进农产品生产投入品使用规范化。建立健全农产品质量安全风险评估、监测预警和应急处置机制。实施动植物保护能力提升工程，实现全国动植物检疫防疫联防联控。完善农产品认证体系和农产品质量安全监管追溯系统，着力提高基层监管能力。落实生产经营者主体责任，强化农产品生产经营者的质量安全意识。建立农资和农产品生产企业信用信息系统，对失信市场主体开展联合惩戒。

（三）政策解读

《乡村振兴战略规划（2018—2022 年）》提到要实施食品安全战略，确定了一系列政策措施，明确了食品安全的重点工作以及下一阶段工作方向，提出要完善农产品认证体系和农产品质量安全监管追溯系统。农产品质量安全监管追溯系统可让每一个消费者能清楚地知道自己所购买、食用的农产品是谁生产的，种植地在哪里，生长周期有多长，生长过程中农业投入品的使用情况等信息，这对构建农产品质量安全网络起到了至关重要的作用。农产品质量追溯要达到这种程度，首先需要提高全国消费者的农产品质量安全知识和辨识水平，杜绝购买劣质不达标的农产品；其次，要让追溯系统覆盖到流入市场上的每一件农产品，监管到每一个生产者和从业者，难度很大，还需要进一步努力；再次，科技创新实现农产品质量追溯系统的使用低成本、信息录入方便快捷、便于操作，尽可能提高使用效率。总之，构建全体系全流程的农产品质量安全追溯体系还有很长的路要走，需要生产者、销售者、从业者、消费者共同努力。

三、质量兴农

（一）政策来源

《国家质量兴农战略规划（2018—2022年)》

（二）政策要点

1. 加强农产品质量安全监测

制订全国统一的农产品质量安全监测计划。改进监测方法，扩大监测范围。深化农产品和食用林产品质量安全例行监测和监督抽查，加强粮食质量安全风险监测，提升农产品监测数据质量。强化质检机构资质认定与考核。推动实施农产品食品检验员职业资格制度。

2. 提高农产品质量安全执法监管能力

健全省、市、县、乡、村五级农产品质量安全监管体系。加快建设并扩建农产品质量安全指挥调度中心和监管区域服务站，提升农产品质量安全跨区域协调处置能力。将农产品质量安全作为农业综合执法的重点，强化基层执法能力。制定农产品质量安全举报奖励办法。加快农业信用体系建设，出台黑名单管理办法，实施联合惩戒。探索推进智慧监管，建设国家农产品质量安全追溯管理信息平台。

3. 强化农产品质量安全风险评估及预警

深入开展生物毒素、农兽药残留、重金属、致病微生物等危害因子风险评估及对产品营养品质影响评价，全面提升我国农产品质量安全风险评估技术能力。启动农产品"一品一策"行动，制定一批农产品质量安全风险管控措施。组建新的农产品质量安全专家组，快速锁定风险因子，有效应对农产品质量安全风险。加强农产品质量安全科技研发。

4. 农产品质量安全水平提升重大工程

（1）农产品质量安全信用体系建设。创建农产品质量安全信用信息平台，加快建立农产品生产经营主体信用档案。开展信用评价，完善守信联合激励和失信联合惩治机制，将信用评价结果与政策支持、经费扶持、分类监管措施等挂钩。

（2）农产品质量安全提升与样板工程。支持所有"菜篮子"大县创建国家农产品质量安全县，支持扩建并建设农产品质量安全指挥调度中心、区域监管服务站和监管实训基地，认定一批国家级绿色食品原料基地，健全村级质量安全监管队伍。

（3）高效低毒低残留农兽药普及计划。支持农产品生产者使用高效低毒低残留农兽药，农产品中农兽药残留合格率达到98%以上。

（4）农产品质量全程追溯体系建设。构建农产品追溯标准体系，完善"高度开放、覆盖全国、共享共用、通查通识"的国家农产品质量安全追溯管理信息平台，并与国家重要产品追溯管理平台对接。健全完善农药、兽药等农业投入品追溯体系。到2022年，建设追溯示范点28万个，国家农产品质量安全县域内80%的农民专业合作社、农业产业化龙头企业等规模以上主体基本实现农产品可追溯。

（5）优质粮食工程。开展"中国好粮油"行动，有效增加绿色优质粮食产品供给，促进种粮农民增收，推动形成新型粮食流通体系。

四、兽药残留监管

（一）政策来源

《农业农村部关于印发2019年动物及动物产品兽药残留监控计划的通知》

（二）政策要点

（1）各省级畜牧兽医行政管理部门负责组织实施辖区畜禽产品兽药残留监控工作，组织实施辖区兽药残留监控计划，监控数量不得低于国家计划的20%。

（2）畜禽产品样品应从动物养殖和屠宰环节抽取。牛奶样品从奶牛养殖场（户）、生鲜乳收购站抽取。对于已发布过确证方法并以筛选方法或定量方法检测出的阳性样品，应进一步进行确证检测。

（3）根据残留超标样品反馈信息溯源动物养殖场，对养殖场用药情况进行核查，重点检查兽医处方、用药记录和库存兽药产品。

发现养殖用药不规范，未执行休药期等问题要及时提出改正措施，并监督整改。依据《兽药管理条例》有关规定，对使用了禁用药物及其他化合物的动物及其产品要监督养殖场和屠宰企业进行无害化处理。

（4）发现假劣、禁用药物及其他化合物要清缴销毁，依法严肃查处违法违规行为。对符合农业农村部公告第97号从重处罚的情形，应依法对相关兽药经营企业、生产企业予以从重处罚。

（三）政策解读

农产品质量安全是全社会高度关注，广大人民群众和消费者极为敏感的一件民生大事。党和政府高度重视农产品质量安全，先后出台和修订了多部法律。2015年4月24日修订了《中华人民共和国食品安全法》，自2015年10月1日起施行。《兽药管理条例》于2004年4月9日公布实施，2014年7月29日修订，2016年2月6日再次修订。农产品质量安全的法律法规体系日渐完善，措施越来越严，违法的成本越来越高。为推动农产品质量安全，保障人民群众"舌尖上的安全"提供了刚性约束。同时，有关职能部门也出台了包括农产品安全检测、执法、风险评估、安全预警、质量追溯、信用评级在内的一系列具体措施。《国家质量兴农战略规划（2018—2022年)》还提出了要实施推动农产品质量安全水平的多项重大工程。其目的就是要管住和管好农产品质量安全，确保人民群众的生命安全和健康安全，让人民群众有更多的幸福感和获得感。

尽管有如此严格的监管措施，有关农产品质量安全的事件还是时有发生。因此，实现农产品的质量安全之路还很长，需要各方参与，综合施策。

首先是生产者。生产者需要严格遵守法律法规，严控农业投入品的过度使用，自觉不购买国家禁止使用的农药和其他物品。这需要种植户、养殖户高度自律，有社会公德，不为非法利益所驱使。显然，全国大大小小的农业生产者不计其数，生产者的素质参差不齐，要让每一个人都做到自律是不现实的。因此，必须从源头抓起，严格监管农业投入品的生产者，禁止生产国家禁止使用的农药和投入品，市场上没有了，种植户、养殖户想买也难以买到，从农业投入品的生产源头进行监管。要管控好农业投入品的生产者，就必须严格执法，做到监管工作滴水不漏，监管到每一件农业投入品从生产到销售再到使用的全过程、全环节，严厉打击农业投入品的非法生产，提高违法成本，把违法成本提高到让违法者不敢为、不想为、不能为的地步。

其次是消费者。农产品质量问题时有曝光，其中重要原因就是劣质不达标的农产品有市场，有人买。这需要提高全国消费者的农产品质量安全知识和辨识水平，在各农贸市场设置免费的农产品质量安全快速检测设备，消费者除可以查看商家提供的信息了解农产品质量安全情况外，还可以自行检测，这就迫使商家高度重视自己销售的农产品的质量安全情况。

再次是生态建设。农产品种植需要有安全的土壤、水源，畜产品生产需要有清洁的水源、安全的食草、清新的空气。虽然管好了农业生产过程中的违禁投入品，但是如不能解决好农业生产赖以生存的土地、水源、空气的安全和清洁问题，就难以保证农产品质量安全。

总之，抓好农产品质量安全、保障人民群众舌尖上的安全是一个系统工程，需要综合施策，长期监管。

第七节　资金规范化管理

一、农业资源及生态保护补助资金

（一）政策来源

《财政部农业部关于修订农业资源及生态保护补助资金管理办法的通知》（财农〔2017〕42 号）

（二）政策要点

1. 农业资源及生态保护补助资金

农业资源及生态保护补助资金是中央财政公共预算安排用于农业资源养护、生态保护及利益补偿等的专项转移支付资金。

2. 资金用途

（1）农业资源及生态保护补助资金主要用于耕地质量提升、草原禁牧补助与草畜平衡奖励（直接发放给农牧民，下同）、草原生态修复治理、渔业资源保护等支出方向。

（2）耕地质量提升支出主要用于支持东北黑土地保护利用、测土配方施肥、农作物秸秆综合利用等方面。

（3）草原禁牧补助与草畜平衡奖励支出主要用于支持对按照有关规定实施草原禁牧和草畜平衡的农牧民予以补助奖励，以及支持半农半牧区加强草原保护建设等方面。

（4）草原生态修复治理支出主要用于落实草原禁牧补助和草畜平衡奖励基础工作、草原生态保护建设和草牧业发展等方面。

（5）渔业资源保护支出主要用于支持渔业增殖放流等方面。

（6）农业资源及生态保护补助资金不得用于兴建楼堂馆所、弥补预算支出缺口等与农业资源及生态保护无关的支出。

（7）农业资源及生态保护补助资金的支持对象主要是农民、牧民、渔民，新型农业经营主体，以及承担项目任务的单位和个人。

（8）农业资源及生态保护补助资金可以采取直接补助、政府购买服务、贴息、先建后补、以奖代补、资产折股量化、设立基金等方式。具体由省级财政部门与农业主管部门商量确定。

3. 资金分配和下达

（1）农业部于每年 5 月 15 日前，提出当年农业资源及生态保护补助资金分支出方向的各省分配建议，函报财政部。

（2）财政部在全国人民代表大会批准预算后 90 日内，根据年度预算安排和农业部分配建议函等，审核下达当年农业资源及生态保护补助资金，抄送农业部和各地专员办。农业资源及生态保护补助资金分配结果在预算下达文件印发后 20 日内向社会公开。

4. 资金使用和管理

（1）农业资源及生态保护补助资金实行"大专项 + 任务清单"管理方式，除用于约束性任务的资金不允许统筹以外，各省可对其他资金在本专项的支出方向范围内统筹使用。

（2）省级财政部门会同农业主管部门，根据本办法和财政部、农业部下发的工作任务（任务清单）和绩效目标，结合本地区农业资源及生态保护实际情况，制订本省年度资金使用方案，于 8 月 31 日前以正式文件报财政部、农业部备案，抄送当地专员办。

（三）政策解读

《农业资源及生态保护补助资金管理办法》对加强和规范农业资源及生态保护补助资金使用管理，提高资金使用效益和效率发挥了积极作用。

首先，从补助资金的使用管理来看，管理办法明确了资金的用途，只能用于耕地质量提升、草原禁牧补助等明确可以补助的项目，不能用于兴建楼堂馆所、弥补预算支出缺口等与农业资源及生态保护无关的支出，给各级农业职能部门在进行项目审批时套上了标尺，划定了范围，压缩了项目审批单位对项目变更的可操作空间，降低了项目寻租的风险，在一定程度上有利于更好发挥补助资金效益。管理办法便于项目管理和绩效评价，提高了项目管理效率，也为项目完成后开展项目评价、资金审计提供了依据。

其次，对项目申报者而言，是否符合补助资金申报条件，可以从哪些方面进行补助资金申报，管理办法一目了然，非常清楚。管理办法明确农业资源及生态保护补助资金的支持对象主要是农民、牧民、渔民、新型农业经营主体，以及承担项目任务的单位和个人，也就是说申报对象可以是个人（农民、牧民、渔民），可以是合作社，也可以是承担项目任务的企业或者其他单位，只要条件符合，都可以申报。管理办法非常细，可操作性很强，为申报者提供了便利。

再次，从资金下达情况来讲，管理办法明确了项目资金下达的时间、下达的渠道、下达的方法及执行时间，时间路线清晰。对项目申报者、项目管理者来讲，什么时候该干什么事，要干到什么程度，申报材料报给谁，非常清楚，极大地提高了项目管理效率。

二、农业生产发展资金

（一）政策来源

《关于印发农业生产发展资金管理办法的通知》（财农〔2017〕

41 号)

（二）政策要点

1. 农业生产发展资金

《农业生产发展资金管理办法》规定农业生产发展资金是中央财政公共预算安排用于促进农业生产、优化产业结构、推动产业融合、提高农业效能等的专项转移支付资金。

2. 资金支出范围

农业生产发展资金主要用于耕地地力保护（直接发放给农民，下同）、适度规模经营、农机购置补贴、优势特色主导产业发展、绿色高效技术推广服务、畜牧水产发展、农村一、二、三产业融合、农民专业合作社发展、农业结构调整、地下水超采区综合治理（农业种植结构调整，下同）、新型职业农民培育等支出方向。

耕地地力保护支出主要用于支持保护耕地地力。对已作为畜牧养殖场使用的耕地、林地、成片粮田转为设施农业用地、非农征（占）用耕地等已改变用途的耕地，以及长年抛荒地、占补平衡中"补"的面积和质量达不到耕种条件的耕地等不予补贴。

适度规模经营支出主要用于支持农业信贷担保体系建设运营、农业生产社会化服务等方面。

农机购置补贴支出主要用于支持购置先进适用农业机械，以及开展报废更新、新产品试点等方面。

优势特色主导产业发展支出主要用于支持区域优势、地方特色的农业主导产业发展，国家现代农业产业园建设等方面。

绿色高效技术推广服务支出主要用于支持高产创建、良种良法、深松整地、施用有机肥、旱作农业等重大农业技术推广与服务，基层农技推广体系改革与建设等方面。

畜牧水产发展支出主要用于支持畜禽粪污处理与资源化利用、南方现代草地畜牧业发展、优质高效苜蓿示范基地建设、畜牧水产标准化养殖及畜牧良种推广等方面。

农村一、二、三产业融合发展支出主要用于支持农产品产地初加工、产品流通和直供直销、农村电子商务、休闲农业、农业农村信息化等方面。

农民专业合作社支出主要用于支持加快农民专业合作组织发展，提高农民组织化程度等方面。

农业结构调整支出主要用于支持粮改豆、粮改饲、耕地休耕、重金属污染耕地修复及种植结构调整等方面。

地下水超采区综合治理支出主要用于支持地下水超采重点地区开展农业种植结构调整等方面。

新型职业农民培育支出主要用于支持培育新型职业农民等方面。

农业生产发展资金的支持对象主要是农民，新型农业经营主体，以及承担项目任务的单位和个人。

农业生产发展资金可以采取直接补助、政府购买服务、贴息、先建后补、以奖代补、资产折股量化、担保补助、设立基金等支持方式。具体由省级财政部门与农业主管部门商量确定。

3. 资金分配和下达

农业生产发展资金主要按照因素法进行分配。资金分配的因素主要包括工作任务（任务清单）和工作成效等。

农业部于每年 5 月 15 日前，提出当年农业生产发展资金分支出方向的各省分配建议，函报财政部。

财政部在全国人民代表大会批准预算后 90 日内，根据年度预算安排和农业部分配建议函等，审核下达当年农业生产发展资金，抄送农业部和各地专员办。农业生产发展资金分配结果在预算下达文件印发后 20 日内向社会公开。

用于耕地地力保护的资金，按规定通过粮食风险基金专户下达拨付。

本办法由财政部会同农业部负责解释。本办法自 2017 年 6 月 1 日起施行。

（三）政策解读

《农业生产发展资金管理办法》规定了项目资金的使用范围。项目资金主要用于耕地地力保护、适度规模经营、农机购置补贴、优势特色主导产业发展、绿色高效技术推广服务、畜牧水产发展、农村一、二、三产业融合、农民专业合作社发展、农业结构调整、地下水超采区综合治理、新型职业农民培育等方向。在每一项补助项目中，又明确了可以补助的具体内容，操作性很强。

从补助内容来看，项目资金重点仍然放在事关农业农村发展的重大项目上。如耕地地力保护，强调的就是土地的生产和耕种属性。强调土地耕种属性实际上就是要保证土地耕种面积不受影响，从而实现稳定的粮食生产和供给，保障粮食安全；农机购置补贴主要用于支持购置先进适用农业机械，以及开展报废更新、新产品试点等方面，其目的就是通过以机械的力量来减少人力的投入，达到提高劳动生产率，解放生产力，提高农业生产效益和适度规模化的目的；新型职业农民培育支出主要用于支持培育新型职业农民，而不能用作其他。

1. 农业项目补贴有哪些?

农业类项目的补贴政策，总体可以分为三大类：

（1）优惠政策类。这是合作社普遍可以享受的。合作社在工商局注册，并且完成项目建设后，就可以找相关的政策发布部门申请。

（2）资金补贴类。基本都是先建后补的项目。在项目建设前需要得到当地政府部门的认可，得到当地的政府支持，做好项目报备，然后再申请补贴，等项目验收通过，才能拿到补贴。

（3）专项扶持类。一般是国家对某些农业项目或者合作社进行重点扶持。资金额度较大的项目，大多要求带动性强、可行性好，社会效益好，能引导当地产业发展，对当地的自然环境及生态环境无害，获取此类项目，申报材料是重点。

2. 申报农业项目补贴该找谁?

申请农业项目补贴可以找当地的农业局、农办、财政局、农综办、旅游局、科技局、林业局、发改委等部门。以上部门每年都能申报，每个项目在 20 万元到 60 万元范围的较多，中央财政项目一般都在几百万至上千万元。

也可以找水利局、环保局、老区扶贫办、经贸局等部门。这些部门的项目资金少些，一般 5 万元到 20 万元的居多。

当然，根据具体项目的不同，要有针对性地选择你要找的部门和科室，下面介绍一些具体的科室职能，供大家参考（各地部门设置可能会有所不同）：

（1）经营管理科。这个科室主要是指导农民专业合作经济组织的建设。未来国家支持合作社的补贴资金是优先扶持示范社的。假如你的合作社没有拿到示范社的牌子，那么今后你申请政策支持的成功概率就低很多。想申请合作社示范社，很多工作都需要和经营管理科沟通。有些地方会设立一个经管站，主管合作社发展。

（2）市场与经济信息科。这个科室主要负责实施"菜篮子工程"，如果对菜篮子这个项目不懂，又想申报的，可以到这个科室去咨询了解，沟通工作。

（3）扶贫开发领导小组办公室。平常都称为"扶贫办"，主要负责扶贫资金和扶贫基金的划拨、管理、监督工作。近两年来扶贫资金不断增加，扶贫项目主要支持企业或者合作社，申请扶贫资金可直接去找扶贫办。目前县扶贫办就可以批复扶贫项目，不用上报到市级、省级去审批。

（4）农业产业化办公室。它主要负责省、市农业产业化龙头企业的推荐、申报，以及农业产业化项目的初选和申报工作。一般企业和合作社要多与这个科室建立良好沟通机制。

此外，由于现在有很多农业项目都是一、二、三产业融合发展，因此补贴申请并不限于农业部门，能想到的其他部门也可以去咨询。

3. 项目补贴申报流程是怎样的？

（1）政府发布扶持资金专项指南；

（2）企业单位根据指南要求提交项目可行性分析报告及相关资料；

（3）政府主管部门进行材料的形式审查；

（4）政府主管部门组织相关行业专家（包括技术方面及财务方面）对通过形式审查的项目进行初评；

（5）项目通过初评后，通知企业项目负责人及相关人员在规定的时间及地点进行答辩；

（6）对答辩进行评价，并根据打分状况对企业申报的项目进行划档，决定支持、不支持以及支持金额数量；

（7）政府部门公布项目评审结果，与企业单位签订项目协议及任务书，拨付资金；

（8）企业单位按照要求完成预定任务目标，申请进行项目验收。

第四章 农村就业创业政策

　　随着国家大力支持农业农村发展，农村创业就业的机遇会越来越来好，想要回农村创业就业的，可以抓住机遇，走上致富之路。

背　景

2017 年 10 月 18 日，习近平总书记在党的十九大报告中提出了乡村振兴战略，把实施乡村振兴战略作为一个关系国计民生的根本性任务来抓。2018 年中共中央、国务院印发了《乡村振兴战略规划（2018—2022 年)》，为乡村振兴描绘了蓝图，指明了发展方向，最终要实现"产业兴旺、生态宜居、乡风文明、治理有效、生活富裕"的总要求。

近年来，农业农村取得了长足发展，但是产业基础薄弱，农民增收乏力，基础设施短板明显，农村发展动力不足，城乡发展不平衡、不协调的问题依然突出，可以说，全面建成小康社会和全面建设社会主义现代化强国，最艰巨最繁重的任务在农村，最大的潜力和后劲也在农村。实施乡村振兴战略是建设现代化经济体系的重要基础，是建设美丽中国的关键举措，是传承中华优秀传统文化的有效途径，是健全现代社会治理格局的固本之策，是实现全体人民共同富裕的必然选择。乡村振兴战略意义重大，关乎亿万农民的获得感、幸福感、安全感，关乎全面建成小康社会全局。

发展机遇

乡村振兴不是某一方面的振兴，更不是某一个要素的发展，而是要推动产业、人才、文化、生态和组织的全面振兴，促进农业全面升级、农村全面进步、农民全面发展。乡村振兴是一项伟大的系统工程，不可能一蹴而就，需要面对的挑战不少，包括环境破坏严重、基础设施和公共服务供给不足、发展要素短缺、集体经济薄弱等，但也蕴含了巨大的机遇。

一是土地流转带来的农业规模化发展。随着城市化进程的加快，农业人口的减少是必然趋势，而农村富余劳动力的转移加剧了这一态势。"种地的人相对少、耕地相对多"的局面将形成，加之国家鼓励农业适度规模化生产，在尊重农民意愿的前提下，鼓励土地流转，让土地流转到种植大户手中，这将给农村新型经营主体、农场、农业龙头企业带来发展规模农业的机遇。通过规模发展，降低生产成本和物流成本，从而提高农业规模效益。

二是农民从身份向职业的转变。随着国家职业农民培育的不断深入，包括职业农民技术职称评定及扶持职业农民发展的一系列政策措施的出台，必将推动农业生产主体的转变，爱农业、懂技术、善经营的新型职业农民将成为推动农业发展转型升级的主力军。新型职业农民证书的含金量越来越重，这将吸引外出打工的青壮年劳动力及刚毕业的高职、专科大学生进入职业农民队伍，为乡村振兴输入正能量。

三是观光、休闲农业的发展潜力将被挖掘。在乡村振兴中，农业规划的引领作用会更加突出，农业发展的区块定位和功能设计也会更加清晰和明确，相关的基础设施配套也会更加完善。生态环境良好、旅游休闲资源丰富、城市近郊的一些农村地区将更有条件发展观光、休闲农业，满足城市人下班后、周末休息日、法定节假日出行、放松及农事体验的需求，这将给采摘农业、休闲农业、体验农业、观光农业的发展带来巨大机遇。

四是"互联网＋农业"将成为农村新的发展方式。一方面在乡村振兴中，国家将增加对农村基础设施建设的投入，包括网络宽带在内的基础设施短板会逐渐被补齐。网络通了，交通便利了，大山里的优质农产品有更多的渠道通过互联网、电商平台卖到全国各地。另一方面农村移动互联和智能手机的普及，为互联网农业发展奠定了基础。从目前一些地区的情况看，很多大学生为了避开城市激烈的就业竞争，而选择到竞争小、空间大、门槛低、投入小的农村去创业，实现自己的创业梦。

五是农业补贴越来越多。随着乡村振兴战略的实施，投入农业农村的经费肯定越来越多，而且从覆盖面上来看，也会更广。这为有志于在农村创业的人来讲能申报到项目，争取到财政补贴的机会更大。2019 年，农业农村部财政部发布的 2019 年重点强农惠农政策多达 37 个大项，覆盖了农业生产与流通、农业资源保护利用、农田建设、农业科技人才支撑、农业防灾减灾、乡村建设 6 个方面。可申报补贴的种类很多，这些都是农业农村创业的机遇。

第一节　农民工返乡创业

一、农民工创业优惠政策

（一）政策来源

《国务院关于强化实施创新驱动发展战略进一步推进大众创业万众创新深入发展的意见》（国发〔2017〕37号）

（二）政策要点

（1）加快将现有支持"双创"相关财政政策措施向返乡下乡人员创新创业拓展，将符合条件的返乡下乡人员创新创业项目纳入强农惠农富农政策范围。探索实施农村承包土地经营权以及农业设施、农机具抵押贷款试点。允许返乡下乡人员依法使用集体建设用地开展创新创业。

（2）返乡农民工可在创业地参加各项社会保险。

（3）鼓励有条件的地方将返乡农民工纳入住房公积金缴存范围，按规定将其子女纳入城镇（城乡）居民基本医疗保险参保范围。有条件的县级人民政府应设立"绿色通道"，为返乡下乡人员创新创业提供便利服务。

（三）政策解读

俗话说："高手在民间"，很多农民心灵手巧，练就了一副好手艺，甚至一部分人是非物质文化遗产的传承人。他们之中有的人借此把手艺、绝活发扬光大，并因此发展起来，而有的人可能缺乏创新创业条件，不能施展才华，而怀揣技艺外出打工。为了鼓励他们创新创业，减轻他们的创业负担，国务院出台了《关于强化实施创新驱动发展战略进一步推进大众创业万众创新深入发展的意见》（国发〔2017〕37号），意见中提到"返乡农民工可在创业地参加各项社会保险"，甚至"鼓励有条件的地方将返乡农民工纳入住房公积金缴存范围，按规定将其子女纳入城镇（城乡）居民基本医疗保险参保范围，为返乡下乡人员创新创业提供便利服务。"这些措施非常好，就是要给这些身怀技艺的农村进城务工的能人返乡创业创新实现政策上的支持。社会保险是农民工最关心的问题之一，让农民工能享受到创业地同等的社会保障服务，减轻创业失败带来的风险，从而使他们敢想、敢试、敢做，积极投身到大众创业万众创新的浪潮中，以技术立身、以技艺获取市场的认可，通过自身努力实现自我抱负和人生价值。

二、农民工创业服务

（一）政策来源

《国务院关于推动创新创业高质量发展打造"双创"升级版的意见》（国发〔2018〕32号）

（二）政策要点

健全农民工返乡创业服务体系。深入推进农民工返乡创业试点工作，推出一批农民工返乡创业示范县和农村创新创业典型县。进一步发挥创业担保贷款政策的作用，鼓励金融机构按照市场化、商业可持续原则对农村"双创"园区（基地）和公共服务平台等提供金融服务。安排一定比例年度土地利用计划，专项支持农村新产业新业态和产业融合发展。

（三）政策解读

从现实情况来看，农民工创业主要依靠技术和手工技艺，虽然创业门槛低、投资小，但是相较于其他创业群体，农民工创业实属不易。他们缺乏资金，市场经营、创业管理能力又相对不足，要实现成功创业难度不小。因此，健全农民工返乡创业服务体系非常重要，国家在贷款融资、技术支持、税收优惠、跟踪服务、证照办理便利化等方面给予很多支持，在他们创业路上不仅要"扶骑上马"，还要"再送一程"，让他们走稳走实，少栽跟头。

三、农民工创业扶持

（一）政策来源

《国务院关于做好当前和今后一段时期就业创业工作的意见》

（国发〔2017〕28 号）

（二）政策要点

（1）农村转移劳动者在城镇常住并处于无业状态的，可在城镇常住地进行失业登记。

（2）促进农民工返乡创业，大力发展农民合作社、种养大户、家庭农场、建筑业小微作业企业、"扶贫车间"等生产经营主体，其中依法办理工商登记注册的可按规定享受小微企业扶持政策，对吸纳贫困家庭劳动力就业并稳定就业 1 年以上的，地方可酌情给予一定奖补。

（3）鼓励金融机构按照商业化可持续发展原则，运用扶贫再贷款优先支持带动建档立卡贫困户就业发展的企业及家庭农场、专业大户、农民合作社等经济主体。适应新生代农民工就业创业特点，推进职业培训对新生代农民工全覆盖，创新培训内容和方式，多渠道、宽领域拓宽就业创业渠道，引导新生代农民工到以"互联网＋"为代表的新产业、新业态就业创业。加大对贫困人口特别是易地扶贫搬迁贫困人口转移就业的支持力度。

（三）政策解读

随着农业生产技术的不断发展和农业劳动力成本的逐年上升，在很多地区甚至偏远地区，正在逐渐普及微型农用机械，农业生产相较以前在劳动力使用方面数量有所减少，在劳动强度方面有所降低，使得一些农村劳动力被转移到其他产业。有的农民成年累月到东部沿海打工，也有的选择在农闲时节到就近的城市务工，赚钱补贴家用。总之外出打工成为很多农民的现实选择，尤其是在发展相对落后的中西部农村。

虽然他们外出打工的意愿很强烈，但是真正在务工地定居的却非常少，大多数还是选择回到自己的家乡。返乡后有的人用打工赚来的钱盖了新房子，改善了居住条件，也有的人把在外学习到的管理经验、技术和积累到的资金用于创业，实现自己的"老板梦"。针对这些返乡有创业意愿的农民工，国家鼓励他们结合自身实际，开展规模种植、养殖，兴办家庭农场（林场），创立扶贫车间，带动乡邻致富，并在政策上给予一定的支持。实际上，他们返乡创业，有天时、地利、人和的优势，相较于在打工地创业，能够得到当地政府的更多支持，创业更容易成功，风险更小，不失为一个好的发展方向。

四、创业示范基地建设及信贷支持

（一）政策来源

（1）《国务院办公厅关于建设第二批大众创业万众创新示范基地的实施意见》（国办发〔2017〕54号）

（2）《国务院关于推动创新创业高质量发展打造"双创"升级版的意见》（国发〔2018〕32号）

（二）政策要点

1. 支持新兴业态发展

积极发展农产品加工、休闲农业、乡村旅游和农村电子商务等农村新产业、新业态。

2. 支持农民工返乡创业

鼓励和引导返乡农民工按照法律法规和政策规定，通过承包、租赁、入股、合作等多种形式，创办领办家庭农场林场、农民合作社、农业企业、农业社会化服务组织等新型农业经营主体。通过发展农村电商平台，实施"互联网＋"现代农业行动，开展网上创业。

3. 社会保险

返乡下乡人员可在创业地按相关规定参加各项社会保险，有条件的地方要将其纳入住房公积金缴存范围，按规定将其子女纳入城镇（城乡）居民基本医疗保险参保范围。

4. 创业指导服务

鼓励双创示范基地设立"绿色通道"，为返乡下乡人员创新创业提供便利服务，对进入创业园区的，提供有针对性的创业辅导、政策咨询、集中办理证照等服务。

4. 健全农民工返乡创业服务体系

进一步发挥创业担保贷款政策的作用，鼓励金融机构按照市场化、商业可持续原则对农村"双创"园区（基地）和公共服务平台等提供金融服务。安排一定比例年度土地利用计划，专项支持农村新产业新业态和产业融合发展。

（三）政策解读

2014 年 9 月，李克强总理在夏季达沃斯论坛上提出，要在 960 多万平方公里的土地上掀起"大众创业""草根创业"的新浪潮，形成"万众创新""人人创新"的新势态。农民工返乡创业是大众创业、万众创新的重要组成部分，鼓励和扶持农民工回乡就业创业对推动农业农村发展和实施乡村振兴战略的作用是积极的，也是多重的。首先推动了农村工业化、城镇化和农业现代化进程。农民工外出打工既学到了知识和技术，也积累了资金和经验，他们返乡就业创业正好解决了长期制约农村发展在资金、技术、人才方面的瓶颈，给农村发展带回了资金、技术。同时，创业带动就业，减少了青壮年劳动力的外流，在一定程度上避免了农村空心化。其次，为农村政治文明、精神文明建设发挥了积极作用。农民工外出打工，感受了其他地区，特别是先进发达地区的乡村治理经验、风土人情和文化思想，这些新思想、新观念和成功经验在他们返乡后也被带回到乡村，对当地产生积极的影响。

外出打工并返乡创业的农民工，大多是村子里有文化、有知识、不安于现状的青壮年，可以说是乡村里的能人，如何把他们的作用发挥好是一个重要的课题。近年来，不论中央政府，还是地方政府都出台了一系列支持返乡农民工就业创业的政策和措施，包括创业服务、创业培训、税收减免、低息贷款、项目扶持等，为农民工创业提供更多的保障，降低了创业失败的风险。

第二节　大学生回乡就业创业

一、大学生回乡创业

（一）政策来源

（1）《人力资源社会保障部关于做好 2018 年全国高校毕业生就业创业工作的通知》（人社部函〔2018〕16 号）

（2）《国务院关于做好当前和今后一段时期就业创业工作的意见》（国发〔2017〕28 号）

（3）《关于坚持农业农村优先发展做好"三农"工作的若干意见》

（二）政策要点

1. 鼓励毕业生到城乡基层、中西部地区、艰苦边远地区就业创业

优化经办流程，拓展政策申请渠道，推进政策受理、审核、发放全程网上办理，提供一站式服务、"最多跑一次"等便利。

2. 加大政策资金支持

落实好创业担保贷款、一次性创业补贴、场租补贴等扶持政策，支持有条件的地方设立高校毕业生就业创业基金，积极引入各类社会资本，多渠道助力毕业生创业创新。

3. 加大政策支持

继续实施支持和促进重点群体创业就业的税收政策。对首次创办小微企业或从事个体经营并正常经营 1 年以上的高校毕业生、就业困难人员，鼓励地方开展一次性创业补贴试点工作。对在高附加值产业创业的劳动者，创业扶持政策要给予倾斜。

4. 做好金融保障

有条件的地区可通过财政出资引导社会资本投入，设立高校毕业生就业创业基金，为高校毕业生创业提供股权投资、融资担保等服务，加大对困难高校毕业生的帮扶力度，将求职创业补贴补助范围扩展到贫困残疾人家庭、建档立卡贫困家庭高校毕业生和特困人员中的高校毕业生。

5. 促进农村劳动力转移就业

支持企业在乡村兴办生产车间、就业基地，增加农民就地就近就业岗位。

6. 支持乡村创新创业

鼓励外出农民工、高校毕业生、退伍军人、城市各类人才返乡下乡创新创业。落实好减税降费政策，鼓励地方设立乡村就业创业引导基金，加快解决用地、信贷等困难。加强创新创业孵化平台建

设，支持创建一批返乡创业园，支持发展小微企业。

（三）政策解读

支持大学生到农村、到基层创业是有效落实"大众创业""万众创新"的重要举措，对促进乡村振兴、激发农业农村发展新动能和缓解大学生就业压力有现实意义。

据统计，2018年全国高校毕业生约820万人，而且大学生毕业人数逐年增加的态势还在持续，如何实现高校毕业生的充分就业是一个重大课题。多年以来，很多大学毕业生选择留在城市，不愿意回到农村和基层工作，并且回乡创业的意愿偏低，原因有多方面：一是农村基层工作条件艰苦，相对城市就业发展机会少，而且公共服务供给不足，生活不方便；二是由于农村道路、网络、通信等基础设施不完善，加上农村消费市场有限和人才缺乏，很多大学生对农村创业成功的预期普遍不高，到农村创业的意愿普遍不强。近年来，国家不仅加大了对农业农村基础设施的投入，农村的路网、水网、电网、信息网基本已覆盖，短板得到了补齐，而且出台了一系列惠农支农政策，单从鼓励高校毕业生回乡创业的政策就可以看出，政策内容涵盖了方方面面，范围越来越广，含金量越来越足，为吸引高校毕业生回乡创业创造了良好条件。

从这些年返乡农民工的创业实践来看，他们大多选择种植、养殖、手工加工等相对熟悉的领域。一方面因为这些行业他们比较熟悉，有一定的种植生产经验；另一方面这些行业投资小、门槛低，甚至可以用自家农房进行改造从事生产经营，起步相对容易。而高校毕业生则不同，他们回乡创业，普遍选择科技含量高、知识密集型，产品附加值相对较高，而且工作相对轻松的行业，如互联网农业、创意产业、乡村旅游等，这些创业方向也是国家鼓励和支持的重点方向。支持这些方向的创业既可以推动农业产业结构调整，优化农业产业结构，也可以整合农业农村发展资源，提高农业发展质量，延伸产业发展链条，实现产业融合。

二、大学生基层就业

（一）政策来源

《中共中央办公厅国务院办公厅印发关于进一步引导和鼓励高校毕业生到基层工作的意见》（中办发〔2016〕79号）

（二）政策要点

（1）加大在基层公共教育、医疗卫生、文化体育、农业技术、农村水利、扶贫开发、社会救助、城乡社区建设、社会工作、法律援助、信息化建设与管理等领域购买服务的力度，创造更多适合高校毕业生的就业岗位。

（2）鼓励高校毕业生到贫困村从事扶贫工作，到贫困村创业并带领建档立卡贫困人口脱贫致富的高校毕业生，可按规定申报扶贫项目支持、享受扶贫贴息贷款等扶贫开发政策。到农业生产经营主体就业的高校毕业生，可按规定享受就业培训、继续教育、项目申报、成果审定等政策，符合条件的可优先评聘相应专业技术资格。

（3）引导高校毕业生到中西部地区、东北地区和艰苦边远地区工作。艰苦边远地区基层机关招录高校毕业生可适当放宽学历、专业等条件，降低开考比例，可设置一定数量的职位面向具有本市、县户籍或在本市、县长期生活的高校毕业生。

（4）加大招录国家重点高校优秀毕业生到乡镇一线和其他基层单位工作的力度，为基层干部队伍建设提供源头活水。

（5）健全保障措施，为高校毕业生在基层成长成才创造良好条件。

各地组织实施的专业技术人才知识更新工程、创新创业培训项目等，应安排一定比例的班次或人次专门面向在基层工作的高校毕业生。

优化基层事业单位岗位设置，适当提高基层中、高级专业技术岗位比例。对到条件特别艰苦乡镇事业单位工作的高校毕业生，要统筹做好交流工作。

对长期在基层一线工作或做出重要贡献的基层专业技术人才，可破格晋升职称等级。有条件的地区可试行基层专业技术人才申报高级职称单独分组、单独评审、单独确定通过率。推广中小学教师、卫生等重点领域专业技术人才晋升高级职称须有 1 年以上农村基层工作服务经历的做法。

逐步提高基层工作人员工资待遇。对到中西部地区、东北地区或艰苦边远地区、国家扶贫开发工作重点县县以下机关事业单位工作的高校毕业生，新录用为公务员的，试用期工资可直接按试用期满后工资确定，试用期满考核合格后的级别工资，在未列入艰苦边远地区或国家扶贫开发工作重点县的中西部地区和东北地区的高定一档，在三类及以下艰苦边远地区或国家扶贫开发工作重点县的高定两档，在四类及以上艰苦边远地区的高定三档；招聘为事业单位正式工作人员的，可提前转正定级，转正定级时的薪级工资，在未列入艰苦边远地区或国家扶贫开发工作重点县的中西部地区和东北地区的高定一级，在三类及以下艰苦边远地区或国家扶贫开发工作重点县的高定两级，在四类及以上艰苦边远地区的高定三级。落实对乡镇机关事业单位工作人员实行的工作补贴政策，当前补贴水平不低于月人均 200 元，并向条件艰苦的偏远乡镇和长期在乡镇工作的人员倾斜。落实艰苦边远地区津贴增长机制。

（6）实施高校毕业生基层服务项目，发挥项目示范引领作用。

继续组织实施大学生村官、农村教师特岗计划、"三支一扶"计划、志愿服务西部计划和农技特岗计划等专门项目，每年选派一批高校毕业生到基层服务。

完善基层服务项目政策措施。适时提高基层服务项目人员工作生活补贴标准，落实社会保险、人员培训等相关政策。基层服务项目人员服务满 1 年且考核合格后，可按规定参加职称评定。参加基层服务项目前无工作经历的人员服务期满且考核合格后 2 年内，在参加机关事业单位考录（招聘）、各类企业吸纳就业、自主创业、落户、升学等方面可同等享受应届高校毕业生的相关政策。落实机关事业单位定向考录（招聘）、升学扶持等政策，组织开展专场招聘，加强职业指导和职业介绍，促进服务期满人员就业。

（7）畅通流动渠道，为在基层工作的高校毕业生职业发展提供支持。

在干部人才选拔任用机制上，进一步强化基层工作经历的政策导向，向在基层工作的优秀高校毕业生倾斜。省级以上机关录用公务员，除特殊职位外，按照有关规定一律从具有 2 年以上基层工作经历的人员中考录。市地级以上机关应拿出一定数量职位面向具有基层工作经历的公务员进行公开遴选。省、市级所属事业单位面向社会公开招聘时，应拿出一定数量岗位公开招聘有基层事业单位工作经历的人员。

鼓励国有大中型企业建立健全人力资源管理激励机制，将在基层生产和管理一线表现优秀的高校毕业生纳入后备人才队伍，加大从基层一线选拔任用中层干部的力度。

（三）政策解读

长期以来，很多大学毕业生喜欢留在大城市，并且希望进入行政机关、事业单位、国企等相对稳定的单位工作，而工作环境相对差、生活条件艰苦的农村很少能吸引高校毕业生的眼光。近年来，国家高度重视高校毕业生的就业工作，不断开发就业岗位，积极鼓励和支持高校毕业生到农村基层就业，出台了一系列政策和措施，为社会主义新农村建设吸引了众多优秀人才，为农村经济社会发展注入了新鲜血液，也为解决高校毕业生就业问题发挥了重要作用。国家近年来更加注重这些措施的系统性、综合性和全面性。

一是积极创造和开发就业岗位。这些岗位涵盖了公共服务、医疗卫生、文化体育、农业技术、扶贫开发、法律援助等众多行业，岗位包括公务员、事业单位及大学生村官、农村特岗教师、"三支一扶"、西部志愿服务等，每年都选派一批高校毕业生到基层服务和帮助工作。这些岗位的开发为缓解大学生就业压力提供了缓冲期，解决了一部分大学生的就业问题。

二是想方设法让人才留得住、用得上。中共中央办公厅、国务院办公厅印发的《关于进一步引导和鼓励高校毕业生到基层工作的意见》明确提出，要给在农村基层服务的高校毕业生在职称职务晋升、行政事业单位招考、工资福利保障、畅通人才交流渠道等方面进行倾斜和照顾，让他们能安心工作，希望通过制度性的安排让他们留下来，用他们学到的知识、学会的技术为农村服务，带动农业农村的发展。而且很多大学生到农村后被安排到"村三委"的重要岗位上，给他们搭建舞台，让他们有大展身手的机会，学以致用，理论联系实际，为农村基层社会治理带来新活力，进一步巩固了党的执政基础。

从未来发展趋势看，在国家实施乡村振兴战略的大背景下，农业是创业发展的好方向，农村是大学生就业成才的热土。一方面，乡村振兴需要大量的人才。相对大城市，到农村就业竞争相对较小，而且就业的岗位多，可选择的余地大；另一方面，国家重视基层人才队伍的培养，党和政府在干部选拔任用方面要求优先考虑有农村基层工作经历的人员，出台了一些针对农村基层干部选拔的政策性措施，基层工作人员在同等条件下更能优先得到提拔和任用。另外，相对城市的高房价，在县城、乡镇更容易解决住房问题，生活压力相对较小。

三、大学生到基层组织任职

（一）政策来源

（1）《中共中央国务院关于实施乡村振兴战略的意见》

（2）《国务院关于印发"十三五"促进就业规划的通知》（国发〔2017〕10 号）

（二）政策要点

1. 建立选派第一书记工作长效机制

全面向贫困村、基层党组织软弱涣散和集体经济薄弱的村镇派出第一书记，实施农村带头人队伍整体优化提升行动，注重吸引高校毕业生、农民工、机关企事业单位优秀党员干部到农村任职，选优配强村党组织书记。健全从优秀村党支部书记中选拔乡镇领导干部、考录乡镇机关公务员、招聘乡镇事业编制人员制度，加大在优秀青年农民中发展党员的力度，建立农村党员定期培训制度。

2. 实施高校毕业生基层服务项目

统筹实施大学生村官、农村教师特岗计划、"三支一扶"计划、志愿服务西部计划和农技特岗计划等专门项目，选拔派遣高校毕业生到基层服务。规范项目管理，加强人员培养使用，强化日常考核监督，切实发挥项目示范引领作用。

3. 引导和鼓励高校毕业生到基层就业

结合政府购买基层公共管理和社会服务需求开发岗位，统筹实施基层服务项目，落实学费代偿、资金补贴、税费减免等扶持政策，进一步引导和鼓励高校毕业生到城乡基层、中西部地区、中小微企业就业。健全基层服务保障机制，畅通流动渠道，拓展高校毕业生的职业发展通道。

（三）政策解读

大学生到农村支农、支教、支医和帮助扶贫，不仅给当地带来新技术、新知识，为当地农业的发展、教育水平的提高做出积极贡献，而且促进了基层组织治理体系的完善和健全，为乡村治理注入了新鲜血液。

在乡村振兴的背景下，农业农村需要更多的人才。同时，随着未来乡村建设力度的增强，农村基层的工作、生活条件也必将得到大幅改善，大学生到基层工作和就业将会成为常态。相比城市激烈的人才竞争和相对饱和的就业市场，广大的农村也将成为莘莘学子一展身手，实现理想抱负的干事创业"热土"。

第三节　农村创业创新重点方向

一、政策来源

《关于支持返乡下乡人员创业创新促进农村一二三产业融合发展的意见》（国办发〔2016〕84号）

二、政策要点

1. 突出重点领域

重点发展规模种养业、特色农业、设施农业、林下经济、庭院经济等农业生产经营模式，烘干、贮藏、保鲜、净化、分等分级、包装等农产品加工业，农资配送、耕地修复治理、病虫害防治、农机作业服务、农产品流通、农业废弃物处理、农业信息咨询等生产性服务业，休闲农业和乡村旅游、民族风情旅游、传统手工艺、文化创意、养生养老、中央厨房、农村绿化美化、农村物业管理等生活性服务业，以及其他新产业新业态新模式。

2. 丰富创业创新方式

鼓励和引导返乡下乡人员按照法律法规和政策规定，通过承包、租赁、入股、合作等多种形式，创办领办家庭农场林场、农民合作社、农业企业、农业社会化服务组织等新型农业经营主体。通过发展农村电商平台，利用互联网思维和技术，实施"互联网＋"现代农业行动，开展网上创业。

3. 推进农村产业融合

推进农村一、二、三产业融合发展，让农民分享二、三产业增值收益。以农牧（农林、农渔）结合、循环发展为导向，发展优质高效绿色农业。实行产加销一体化运作，延长农业产业链条。推进农业与旅游、教育、文化、健康养老等产业深度融合，提升农业价值链。引导返乡下乡人员创业创新向特色小城镇和产业园区等集中，培育产业集群和产业融合先导区。

4. 政策措施

（1）简化市场准入。县级人民政府要设立"绿色通道"，为返乡下乡人员创业创新提供便利服务。对返乡下乡人员创业创新免收登记类、证照类等行政事业性收费。

（2）改善金融服务。采取财政贴息、融资担保、扩大抵押物范围等综合措施，努力解决返乡下乡人员创业创新融资难问题。推进农村普惠金融发展，加强对纳入信用评价体系返乡下乡人员的金融服务。加大对农业保险产品的开发和推广力度，更好地满足返乡下乡人员的风险保障需求。

（3）加大财政支持力度。将符合条件的返乡下乡人员创业创新项目纳入强农惠农富农政策范围。新型职业农民培育、农村一二三产业融合发展、农业生产全程社会化服务、农产品加工、农村信息化建设等各类财政支农项目和产业基金，要将符合条件的返乡下乡人员纳入扶持范围，采取以奖代补、先建后补、政府购买服务等方式予以积极支持。大学生、留学回国人员、科技人员、青年、妇女等人员创业的财政支持政策，要向返乡下乡人员创业创新延伸覆盖。切实落实好定向减税和普遍性降费政策。

（4）落实用地用电支持措施。支持返乡下乡人员按照相关用地政策，开展设施农业建设和经营。落实大众创业万众创新、现代农业、农产品加工业、休闲农业和乡村旅游等用地政策。支持返乡下乡人员依托自有和闲置农房院落发展农家乐。在符合农村宅基地管理规定和相关规划的前提下，允许返乡下乡人员和当地农民合作改建自住房。鼓励利用"四荒地"（荒山、荒沟、荒丘、荒滩）和厂矿废弃地、砖瓦窑废弃地、道路改线废弃地、闲置校舍、村庄空闲地等用于返乡下乡人员创业创新。返乡下乡人员发展农业、林木培育和种植、畜牧业、渔业生产、农业排灌用电以及农业服务业中的农产品初加工用电，包括对各种农产品进行脱水、凝固、去籽、净化、分类、晒干、剥皮、初烤、沤软或大批包装以供应初级市场的用电，均执行农业生产电价。

（5）开展创业培训。实施农民工等人员返乡创业培训五年行动计划和新型职业农民培育工程、农村青年创业致富"领头雁"计划、贫困村创业致富带头人培训工程，开展农村妇女创业创新培训，让有创业和培训意愿的返乡下乡人员都能接受培训。

（6）完善社会保障政策。返乡下乡人员可在创业地按相关规定参加各项社会保险，有条件的地方要将其纳入住房公积金缴存范围，按规定将其子女纳入城镇（城乡）居民基本医疗保险参保范围。对返乡下乡创业创新的就业困难人员、离校未就业高校毕业生以灵活就业方式参加社会保险的，可按规定给予一定社会保险补贴。对返乡下乡人员初始创业失败后生活困难的，可按规定享受社会救助。持有居住证的返乡下乡人员的子女可在创业地接受义务教育，依地方相关规定接受普惠性学前教育。

（7）强化信息技术支撑。支持返乡下乡人员投资入股参与信息进村入户工程的建设和运营，可聘用其作为村级信息员或区域中心管理员。通过财政补贴、政府购买服务、落实税收优惠等政策，支持返乡下乡人员利用大数据、物联网、云计算、移动互联网等新一代信息技术开展创业创新。

（8）创建创业园区（基地）。有条件的地方可对返乡下乡人员到孵化园（基地）创业给予租金补贴。

三、政策解读

一段时间以来，农村发展缓慢，产业不兴，三产融合不够，传统的一产收益不高等问题一直存在，原因是多方面的。要解决农村三产融合问题，不仅要加强农村基础设施建设，夯实农村发展的基础，"只有栽好了梧桐树，才能吸引到更多的金凤凰"。农村长期发展滞后，在很大程度上与缺少人才有关。2016年，国务院办公厅印发了《关于支持返乡下乡人员创业创新促进农村一二三产业融合发展的意见》，明确了对农民工、中高等院校毕业生、退役士兵、科技人员等返乡下乡人员到农村开展创业创新给予政策支持，措施具体，而且切合农村实际，操作性强。

该意见明确了政策支持的重点领域，包括特色种养、林下经济、庭院经营、农资配送、传统手工艺等方面。这些领域门槛低，投入小，风险低，容易进入，也符合农村创业的实际，可操作性强。创业的方式可以通过承包、租赁、入股、合作等，也可以依托互联网发展农村电商，开展网上创业，形式灵活多样，目的就是要充分吸引各类人才到农村投资兴业。对农民工来讲，他们长期外出打工，开阔了眼界，积累了一定资金，学到了一些农业生产技术和管理经验。农民工返乡创业不仅能照顾家庭，还能发挥所长就地开展种植养殖、手工加工、农家餐饮等，实现赚钱顾家两不误。对高等院校毕业生也是如此，他们有知识、有文化，对新鲜事物接受能力强，回农村可以依托互联网开展创业创新，办电商网购，把当地有特色、质量上乘的农产品卖出去，这样不仅缓解了就业压力，实现了创业梦想，而且相比在城市创业，到农村创业投资风险小，更容易成功。

该意见从多个方面给予了政策支持，包括改善金融服务、财政扶持、用电政策倾斜、创业培训等。在这些措施中，特别提到要加大对农业保险产品的开发和推广力度，为农村创业群体，尤其是直接从事农产品生产的创业人员编织一张"安全网"。虽然农业保险还需要解决保险覆盖面窄、保费高、理赔服务有待提高等现实问题，但是农业保险确实能在降低农业创业风险方面发挥积极作用。

第五章　农村社会保障政策

　　不断完善城乡居民基本养老保险制度和基本医疗保险、大病保险制度，完善最低生活保障制度，完善农村留守儿童、妇女、老年人关爱服务体系，不断增强农民群众的获得感、幸福感、安全感。

第一节 农村医疗

一、政策来源

（1）《国务院关于整合城乡居民基本医疗保险制度的意见》（国发〔2016〕3号）

（2）《人力资源社会保障部财政部关于做好2016年城镇居民基本医疗保险工作的通知》（人社部发〔2016〕43号）

二、政策要点

1. 统一覆盖范围

城乡居民医保制度覆盖范围包括现有城镇居民医保和新农合所有应参保（合）人员，即覆盖除职工基本医疗保险应参保人员以外的其他所有城乡居民。农民工和灵活就业人员依法参加职工基本医疗保险，有困难的可按照当地规定参加城乡居民医保。

2. 统一保障待遇

城乡居民医保基金主要用于支付参保人员发生的住院和门诊医药费用。稳定住院保障水平，政策范围内住院费用支付比例保持在75%左右。

3. 巩固完善城乡居民大病保险

进一步巩固完善大病保险，重点是通过完善居民医保基金预算管理，平衡基本医保与大病保险支出需要。各地要针对困难人员采取降低起付线、提高报销比例、取消封顶线等政策措施，加大倾斜力度。加强大病保险与医疗救助等制度的衔接，发挥保障合力，有效防止家庭灾难性医疗支出。

三、政策解读

党的十九大报告提出，要坚持在发展中保障和改善民生，在幼有所育、学有所教、劳有所得、病有所医、老有所养、住有所居、弱有所扶上不断取得新进展，保证全体人民在共建共享发展中有更多的幸福感和获得感。

病有所医，让看病不再难、不再贵，能接受到更高水平的医疗卫生服务是全社会的共同愿望，尤其是收入相对偏低的农村居民更是如此。一些家庭由于家庭成员生大病、重病、慢性病，到处举债筹措治疗费用而给家庭带来了沉重的经济负担，甚至让整个家庭从此一蹶不振。全面建成小康社会，不让一个人掉队，在国家出台的各项脱贫举措中，保障农村居民基本医疗就是其中的重要内容，先后出台了一系列包括提高医疗健康服务在内的措施，《国务院关于整合城乡居民基本医疗保险制度的意见》（国发〔2016〕3 号）、《人力资源社会保障部财政部关于做好 2016 年城镇居民基本医疗保险工作的通知》（人社部发〔2016〕43 号）明确提出："城乡居民医保制度覆盖范围包括现有城镇居民医保和新农合所有应参保（合）人员，即覆盖除职工基本医疗保险应参保人员以外的其他所有城乡居民。"实现城乡居民医保制度的全覆盖，提高了政策的受益面和普惠性，让每一个人都能享受到医保政策带来的红利。针对大病保险，还提出"要针对困难人员采取降低起付线、提高报销比例、取消封顶线等政策措施，加大倾斜力度。加强大病保险与医疗救助等制度的衔接，发挥保障合力，有效防止家庭灾难性医疗支出。"实施这两项政策意义重大，一项是解决了小病、普通病的看病需求，另一项则是着力解决治疗时间长、难度大、费用高的大病、重病而做出的政策安排，尤其提到针对困难家庭，要注重大病保险与医疗救助的衔接，综合施策，多措并举，汇聚各方力量，尽最大限度防止困难家庭发生灾难性医疗支出，给家庭带来毁灭性打击。

这些政策针对性强，不仅体现了人文关怀和人性设计，体现了党和政府对困难群众的关心与关怀，而且体现了国家医疗保障政策"以人为本"的理念。随着国家经济实力的不断增强，医保制度的覆盖面会更广，农村居民的医疗问题将得到全面解决，同时随着医疗技术的不断发展，一些医疗难题逐渐被攻克，人民群众的健康水平会得到极大提升。

第二节　残疾人帮扶

一、政策来源

（1）《国务院关于建立残疾儿童康复救助制度的意见》（国发〔2018〕20号）

（2）《民政部关于贯彻落实国务院关于建立残疾儿童康复救助制度的意见的通知》（民函〔2018〕154号）

（3）《民政部财政部卫生计生委中国残联关于加快精神障碍社区康复服务发展的意见》（民发〔2017〕167号）

二、政策要点

1. 残疾儿童救助政策

（1）救助对象。救助对象为符合条件的0—6岁视力、听力、言语、肢体、智力等残疾儿童和孤独症儿童。包括城乡最低生活保障家庭、建档立卡贫困户家庭的残疾儿童和儿童福利机构收留抚养的残疾儿童；残疾孤儿、纳入特困人员供养范围的残疾儿童；其他经济困难家庭的残疾儿童。

（2）救助内容和标准。包括以减轻功能障碍、改善功能状况、增强生活自理和社会参与能力为主要目的的手术、辅助器具配置和康复训练等。

（3）工作流程。

申请。残疾儿童监护人向残疾儿童户籍所在地（居住证发放地）县级残联组织提出申请。监护人也可委托他人、社会组织、社会救助经办机构等代为申请。

审核。对于城乡最低生活保障家庭、建档立卡贫困户家庭的残疾儿童和儿童福利机构收留抚养的残疾儿童的救助申请，以及残疾孤儿、纳入特困人员供养范围的残疾儿童的救助申请，由县级残联组织与民政、扶贫部门进行相关信息比对后作出决定；其他经济困难家庭的残疾儿童的救助申请的审核程序，由县级以上地方人民政府规定。

救助。经审核符合条件的，由残疾儿童监护人自主选择定点康复机构接受康复服务。

结算。在定点康复机构接受康复服务发生的费用，经县级残联组织审核后，由同级财政部门与定点康复机构直接结算。

（4）县级以上地方人民政府应将残疾儿童康复救助资金纳入政府预算。中央财政对各地给予适当补助。残疾儿童康复救助制度自2018年10月1日起全面实施。

2. 残疾儿童康复政策

（1）将当前监护的0~6岁的视力、听力、言语、肢体、智力等残疾儿童和孤独症儿童全部纳入康复救助范围。凡符合康复救助申请条件的残疾儿童，新增一例申请一例，使符合康复救助条件的残疾儿童都享有康复救助、"一个也不能少"。

（2）依法保障城乡最低生活保障家庭的残疾儿童和儿童福利机构收留抚养的残疾儿童，残疾孤儿、纳入特困人员救助供养范围的残疾儿童的基本生活。同时，继续做好"残疾孤儿手术康复明天计划"，将其作为基本医疗保险、医疗救助、康复救助等制度的有益补充，积极有效地开展残疾孤儿手术康复工作。

3. 精神障碍服务政策

（1）重点设立以区（县）为服务范围的精神障碍社区康复机构，大力支持有条件的地区开展以城乡社区为范围的精神障碍社区康复服务。

（2）鼓励有条件的地区新建、改扩建一批政府投资举办的精神障碍社区康复机构。新建城乡社区服务机构、政府投资新建的残疾人托养机构要设置精神障碍社区康复服务功能，预留服务场地。鼓励社会力量参与精神障碍社区康复机构建设，有条件的地区可以探索在服务设施、运行补贴、职称待遇等方面给予一系列扶持政策。

（3）建立绿色通道，精神障碍患者社区康复期间病情复发的，可通过精神障碍社区康复机构向医院快速转介。

（4）对病情稳定、具有就业意愿且具备就业能力的精神障碍患者，经功能评估合格后，可由精神障碍社区康复机构直接向相关单位推荐就业，或转介到残疾人就业服务机构、其他就业服务机构推荐就业。

（5）积极实施以奖代补政策，确保精神障碍患者监护责任落到实处。全面实施困难残疾人生活补贴和重度残疾人护理补贴制度，有条件的地区可将持有二代残疾人证并且残疾等级为三级、四级的精神障碍患者纳入护理补贴范围，已开展长期护理保险试点的地区，要做好重度残疾人护理补贴与长期护理保险的统筹衔接。

三、政策解读

关注、关怀弱势群体，让他们生活更有保障，更有尊严。关注、关怀弱势群体是构建和谐社会、实现科学发展的现实选择，是社会主义的本质所在，是践行社会主义核心价值观的具体体现，更是社会文明进步的重要标志。

残疾不分国界，不分种族，不分年龄，残疾的种类多种多样。从残疾的群体来看，有老人、有妇女、有儿童；从伤残等级来看，根据伤残的严重程度，分为一级到十级；从造成残疾的原因来看，有的是先天形成的，有的是后天因素所致，这就决定了帮扶措施必须分类，注重综合性和系统化，而且应覆盖到所有人群的全年龄段。从近年来政府出台的帮扶措施可以看出系统化、长期性、重源头的残疾人帮扶救助理念。首先，关于残疾儿童的救助，把 0~6 岁视力、听力、言语、肢体、智力等符合救助条件的残疾儿童和孤独症儿童全部纳入救助范围，不仅应纳尽纳，应保尽保，而且简化了程序，降低了申请难度，提高了覆盖面。从措施来讲，主要是以减轻功能障碍、改善功能状况、增强生活自理和社会参与能力为主要目的而进行的手术、辅助器具配置和康复训练等，强调要抓住了治疗的关键期和黄金期，试图通过治疗，达到全面治愈残疾儿童成为健康儿童的目的，降低少年儿童的残疾率。

其次，国家政策还提出要大力支持和培育康复、健康、慈善机构发展，给予更多政策支持让其发展壮大，来补充相关办公机构供给服务不足的问题；同时也给那些残疾程度轻、病情稳定，能进行简单劳动的残疾人提供更多公益性就业岗位，让残疾人通过自己的双手去创造幸福，实现自己的人生价值，生活得更有成就感，也能过上更有尊严和体面的生活。

第三节 社会救助

一、下岗失业人员

（一）政策来源

《民政部关于进一步加强生活困难下岗失业人员基本生活保障工作的通知》（民发〔2019〕6 号）

（二）政策要点

1. 最低生活保障

全面落实最低生活保障制度，对因下岗失业导致基本生活困难，共同生活的家庭成员人均收入低于当地最低生活保障标准，且符合当地最低生活保障家庭财产状况规定的家庭，要及时纳入最低生活保障范围，切实做到"应保尽保"。对纳入最低生活保障的下岗失业人员家庭中的老年人、未成年人、重度残疾人、重病患者等重点救助对象，要采取增发低保金等多种措施提高救助水平，保障其基本生活。

2. 临时救助

加大对生活困难下岗失业人员及其家庭临时救助力度，切实兜住基本生活保障底线。落实县、乡两级审批政策规定，逐步提高救助水平。对实施临时救助后，仍不能解决其困难的，要充分运用好"转介服务"，符合最低生活保障条件的，及时纳入最低生活保障范围；符合医疗、教育、住房、就业等专项救助条件的，积极转介相关部门协同救助；需要慈善救助帮扶的，及时转介给相关公益慈善组织，形成救助合力。对遭遇重大生活困难的下岗失业人员家庭，要在综合运用各项救助帮扶政策的基础上，充分发挥县级困难群众基本生活保障工作协调机制的作用，采取一事一议方式确定帮扶措施，提高救助额度。

3. 要加强临时救助与下岗失业人员临时生活补助的衔接，对于享受人力资源社会保障部门发放的临时生活补助后，生活仍有困难的下岗失业人员及其家庭，要及时按规定给予临时救助。

（三）政策解读

下岗失业人员救助是一项特殊的制度安排，对帮助下岗失业人员度过短期困难有其重要意义。下岗失业人员是一个特殊的群体，他们原本有相对稳定的工作，能够获得稳定的收入，可能由于自身知识、技能、文化、学识等因素不能适应经济发展和改革的需要而下岗，但是他们普遍身体健康，有一定科学文化素质、技能技术水平和管理经验，大多通过培训实现再就业难度不大。对于他们的暂时困难，《民政部关于进一步加强生活困难下岗失业人员基本生活保障工作的通知》（民发〔2019〕6号）给出了解决办法。

除了正常的救助措施外，对下岗失业人员，还应该给予特殊的心理关怀，帮助他们重新建立信心和适应新的环境，有针对性地进行技术培训，培训后积极推荐就业，只要要求不高，通常都能实现二次就业；同时在创业政策方面进行倾斜。这些因为下岗而暂时失业的人群，他们通过多年积累，有一定创业所需的经济基础和经验管理能力，可以鼓励他们就地就近创业，比如经营个体工商户、创办小微企业等，有针对性地进行指导和帮扶。相对其他人群创业，下岗失业人员普遍能吃苦耐劳，更加稳健，也更容易创业成功。当然，作为下岗失业人员也不必灰心，积极学习，以适应时代要求，奋力开拓，把已学的知识、技能转化成新的生产力，实现人生的二次辉煌。

二、脱贫兜底保障

（一）政策来源

《民政部财政部国务院扶贫办关于在脱贫攻坚三年行动中切实做好社会救助兜底保障工作的实施意见》（民发〔2018〕90号）

（二）政策要点

1. 低　保

凡家庭人均收入低于当地农村低保标准且财产状况符合当地规

定的未脱贫建档立卡贫困户，都要按规定程序纳入农村低保。对未脱贫建档立卡贫困户中靠家庭供养且无法单独立户的重度残疾人、重病患者等完全丧失劳动能力和部分丧失劳动能力的贫困人口（不含整户纳入低保范围的贫困人口），经个人申请，可参照单人户纳入农村低保范围。本意见所称重度残疾人是指未脱贫建档立卡贫困户中持有中华人民共和国残疾人证的一级、二级重度残疾人和三级智力残疾人、三级精神残疾人；重病患者是指未脱贫建档立卡贫困户中获得重特大疾病医疗救助的人员。

2. 特困人员救助

对农村建档立卡人员中无劳动能力、无生活来源、无法定赡养抚养扶养义务人，或者其法定义务人无履行义务能力的老年人、残疾人以及未满 16 周岁的未成年人，要及时纳入特困人员救助供养范围，做到应救尽救、应养尽养。鼓励有条件的农村特困供养服务机构（农村敬老院），在满足特困人员集中供养需求的前提下，逐步为农村低保、低收入家庭和建档立卡贫困家庭中的老年人、残疾人，提供低偿或无偿的集中托养服务。

3. 临时救助

对遭遇突发事件、意外伤害、重大疾病或其他特殊原因导致基本生活陷入困境，其他社会救助制度暂时无法覆盖或救助之后基本生活暂时仍有严重困难的农村建档立卡贫困家庭，要及时给予临时救助。

（三）政策解读

兜底保障是针对重度残疾丧失劳动力等特殊人群而进行的一种制度安排，通过国家财政和社会的力量来保障被救助人的基本生活，使其正常生活不受影响，体现了社会主义的本质和社会主义制度的优越性。尽管兜底保障的水平还不算高，还难以通过兜底保障让他们过上体面的生活，但是在一个有 14 亿人口的大国能实现应保尽保，不让一个成员掉队，已经是一个了不起的成就。随着国家经济实力的不断增强，保障体系的健全完善，兜底保障的标准也会有所提高，保障力度将会更加强化。

三、临时救助

（一）政策来源

《民政部财政部关于进一步加强和改进临时救助工作的意见》（民发〔2018〕23 号）

（二）政策要点

1. 临时救助对象

可分为急难型救助对象和支出型救助对象。急难型救助对象主要包括因火灾、交通事故等意外事件，家庭成员突发重大疾病及遭遇其他特殊困难等原因，导致基本生活暂时出现严重困难、需要立即采取救助措施的家庭和个人；支出型救助对象主要包括因教育、医疗等生活必需支出突然增加超出家庭承受能力，导致基本生活一定时期内出现严重困难的家庭。

2. 审核审批程序

对于急难型临时救助，要注重提高救助时效性，积极开展"先行救助"，乡镇人民政府（街道办事处）、县级人民政府民政部门可根据救助对象急难情形，简化申请人家庭经济状况核对、民主评议和公示等环节，直接予以救助，并在急难情况缓解后，登记救助对象、救助事由、救助金额等信息，补齐经办人员签字、盖章手续；对于支出型临时救助，要严格执行申请、受理、审核、审批程序，规范各个环节工作要求。对申请对象中的最低生活保障家庭及其成员、特困人员，重点核实其生活必需支出情况。要全面落实县级人民政府民政部门委托乡镇人民政府（街道办事处）开展临时救助审批的规定，合理设定并逐步提高乡镇（街道）临时救助金审批额度。

（三）政策解读

社会救助是指国家和其他社会主体对遭受自然灾害、失去劳动能力或其他低收入公民给予物质帮助、精神救助，以维持其基本生活需求，保障其最低生活水平的各种措施。社会救助是社会保障体系的重要组成部分，在矫正"市场失灵"，调整资源配置，实现社会公平，维护社会稳定，构建社会主义和谐社会等方面发挥着重要而不可替代的作用。

救助内容包含经常性救助、紧急性救助、临时性救助等，对象包括城乡低保户、农村五保供养人、特困人员及因灾害造成生产生活困难人员、城市流浪乞讨人员等，覆盖范围较广。2018年民政部、财政部、国务院扶贫办印发的《关于在脱贫攻坚三年行动中切实做好社会救助兜底保障工作的实施意见》中还把建档立卡贫困户也纳入到救助范围，进一步提高了救助群体的受益率和覆盖面。在如何实施救助，如何提高救助效率方面，《民政部财政部关于进一步加强和改进临时救助工作的意见》要求要注重提高救助的时效性，积极开展"先行救助"，把开展救助放在第一位，先保证救助对象得到及时救助，通过救助，让他们渡过难关，解决暂时困难，同时要提高救助的便利性，适当减少申请环节，简化审批程序，切实保障那些需要救助的人都能得到有效救助。

第四节　养老保险及服务

一、政策来源

（1）《中华人民共和国养老保险法》

（2）《国务院办公厅关于制定和实施老年人照顾服务项目的意见》（国办发〔2017〕52号）

（3）《国务院办公厅关于推进养老服务发展的意见》（国办发〔2019〕5号）

二、政策要点

1. 新型农村社会养老保险制度

（1）国家建立和完善新型农村社会养老保险制度。新型农村社会养老保险实行个人缴费、集体补助和政府补贴相结合。

（2）新型农村社会养老保险待遇由基础养老金和个人账户养老金组成。参加新型农村社会养老保险的农村居民，符合国家规定条件的，按月领取新型农村社会养老保险待遇。

2. 老年人照顾政策

（1）全面建立针对经济困难高龄、失能老年人的补贴制度。将符合最低生活保障条件的贫困家庭中的老年人全部纳入最低生活保障范围，实现应保尽保。

（2）发展居家养老服务，为居家养老服务企业发展提供政策支持。

（3）除极少数超大城市需按政策落户外，80周岁及以上老年人可自愿随子女迁移户口，依法依规享受迁入地基本公共服务。

（4）农村老年人不承担兴办公益事业的筹劳义务。

（5）贫困老年人因合法权益受到侵害提起诉讼的，依法依规给予其法律援助和司法救助。法律服务机构应为经济困难老年人提供免费或优惠服务。

（6）降低法律援助门槛，有条件的地方可适度放宽老年人申请法律援助的经济困难标准和受案范围。

（7）鼓励公路、铁路、民航等公共交通工具为老年人提供便利服务。

（8）鼓励通过基本公共卫生服务项目，每年为65周岁及以上老年人免费提供包括体检在内的健康管理服务。

（9）对符合条件的低收入家庭老年人参加城乡居民基本医疗保险所需个人缴费部分，由政府给予适当补贴。

（10）探索建立长期护理保险制度，切实保障失能人员特别是失能老年人的基本生活权益。

3. 养老事业发展政策

（1）2019年6月底前，建立健全失信联合惩戒机制，对存在严重失信行为的养老服务机构及人员实施联合惩戒。

（2）继续深化公办养老机构改革。重点为经济困难失能（含失智，下同）老年人、计划生育特殊家庭老年人提供无偿或低收费托养服务。

（3）减轻养老服务税费负担。聚焦减税降费，养老服务机构符合现行政策规定条件的，可享受小微企业等财税优惠政策。对在社区提供日间照料、康复护理、助餐助行等服务的养老服务机构给予税费减免扶持政策。

（4）提升政府投入精准化水平。接收经济困难的高龄失能老年人的养老机构，不区分经营性质按上述老年人数量同等享受运营补贴，入住的上述老年人按规定享受养老服务补贴。

（5）境外资本在内地设立的养老机构接收政府兜底保障对象的，同等享受运营补贴等优惠政策。

（6）2019年9月底前，制定实施养老护理员职业技能标准。加强对养老服务机构负责人、管理人员的岗前培训及定期培训，使其掌握养老服务法律法规、政策和标准。按规定落实养老服务从业人员培训费补贴、职业技能鉴定补贴等政策。

（7）大力推进养老服务业吸纳就业。结合政府购买基层公共管理和社会服务，在基层特别是街道（乡镇）、社区（村）开发一批为老服务岗位，优先吸纳就业困难人员、建档立卡贫困人口和高校毕业生就业。对养老服务机构招用就业困难人员，签订劳动合同并缴纳社会保险费的，按规定给予社会保险补贴。加强从事养老服务的建档立卡贫困人口职业技能培训和就业指导服务，引导其在养老服务机构就业，吸纳建档立卡贫困人口就业的养老服务机构按规定享受创业就业税收优惠、职业培训补贴等支持政策。对符合小微企业标准的养老服务机构新招用毕业年度高校毕业生，签订1年以上劳动合同并缴纳社会保险费的，按规定给予社会保险补贴。落实就业见习补贴政策，对见习期满留用率达到50%以上的见习单位，适当提高就业见习补贴标准。

（8）加强老年人消费权益保护和养老服务领域非法集资整治工作。严厉查处向老年人欺诈销售各类产品和服务的违法行为。

（三）政策解读

近年来，国家有关部门密集出台了多项养老政策，在2017年国家人社部出台关于养老保险、养老金的政策措施的文件就有4个，足见国家对养老问题的重视。在《国务院办公厅关于推进养老服务发展的意见》（国办发〔2019〕5号）中提出了具体举措28条，旨在为养老服务打通"堵点"、消除"痛点"，大力发展和积极支持养老服务机构，把居家养老、政府养老、社会养老有机结合起来，丰富养老服务形式，满足不同养老需求，提高老年人及其子女获得感、幸福感、安全感。

在深化"放管服"改革方面，该意见提出要深化公办养老机构改革、建立养老服务综合监管制度、减轻养老服务税费负担、提升政府投入精准化水平等措施，目的就是要充分激发公办养老机构活力，真正发挥其在公益性养老方面的兜底保障作用，同时要加强对养老服务机构的监管，建立健全失信联合惩戒机制，对存在严重失信行为的养老服务机构及人员实施联合惩戒，进一步规范养老机构的运营，切实保障养老人员的合法权益。该意见还提出了要健全政策体系，加大对养老机构的政策扶持和补贴力度，尤其是在税费减免方面，进一步减轻养老机构负担，降低运营成本。

在扩大养老服务就业创业方面，该意见要求建立完善养老护理员职业技能等级认定和教育培训制度，就是要对养老机构、养老从业人员进行养老服务法律法规、政策和标准的培训，提高服务质量，按规定落实养老服务从业人员培训费补贴、职业技能鉴定补贴等政策，提高从业人员参训提质的积极性。该意见还提出结合政府购买基层公共管理和社会服务，在基层特别是街道（乡镇）、社区（村）开发一批为老服务岗位，优先吸纳就业困难人员、建档立卡贫困人口和高校毕业生就业；充分调动养老机构参与社会扶贫、吸纳贫困人口和高校毕业生的积极性和主动性，把优秀人才吸收到养老队伍里，不仅提高了养老从业人员的素质和养老服务质量，而且为贫困地区脱贫做出积极贡献。

《国务院办公厅关于制定和实施老年人照顾服务项目的意见》（国办发〔2017〕52 号）明确提出了20 项老年人照顾服务的重点任务，建立针对经济困难高龄和失能老年人的补贴制度，将符合最低生活保障条件的贫困家庭中的老年人全部纳入最低生活保障范围，用低保来实现兜底，保障老年人的基本生活。提出要发展居家养老服务，鼓励和支持养老服务机构开展老年人照料和护理，这是适应我国老年人口逐渐增多的现实选择，给老年人提供多种养老选择。在意见中提到："除极少数超大城市需按政策落户外，80 周岁及以上老年人可自愿随子女迁移户口，依法依规享受迁入地基本公共服务。"这样一来，随迁的老年人可以享受迁入地的基本公共服务，还能在老年人需要特别照顾的时期得到子女的有效照顾，满足了老年人的情感需求，维系和培养了家庭成员的感情，政策很有温度，让人感觉温暖。该意见提出的措施还包括支持城市公共交通为老年人提供优惠和便利，每年为 65 周岁及以上老年人免费提供包括体检在内的健康管理服务等，几乎涵盖了老年人医、食、住、用、行、娱等各个方面，这些措施将推动养老事业的快速发展。

第五节　农民工权益保障

一、农民工工资保障

（一）政策来源

《保障农民工工资支付工作考核办法》（国办发〔2017〕96 号）

（二）政策要点

1. 考核工作

考核工作在国务院领导下，考核工作从 2017 年到 2020 年，每年开展一次。

2. 考核内容

考核内容主要包括加强对保障农民工工资支付工作的组织领导、建立健全工资支付保障制度、治理欠薪特别是工程建设领域欠薪工作成效等情况。

3. 考核办法

考核采取分级评分法，基准分为 100 分，考核结果分为 A、B、C 三个等级。

（1）符合下列条件的，考核等级为 A 级：

①领导重视、工作机制健全，各项工资支付保障制度完备、落实得力，工作成效明显；

②考核得分排在全国前十名。

（2）有下列情形之一的，考核等级为 C 级：

①保障农民工工资支付工作不力、成效不明显、欠薪问题突出，

考核得分排在全国后三名的；

②发生 5 起及以上因拖欠农民工工资引发 50 人以上群体性事件，或发生 2 起及以上因政府投资工程项目拖欠农民工工资引发 50 人以上群体性事件的；

③发生 1 起及以上因拖欠农民工工资引发极端事件并造成严重后果的。

（3）考核等级在 A、C 级以外的为 B 级。

（三）政策解读

有效解决农民工的工资拖欠问题是一项重大的民生工作，党和国家历来高度重视。2017 年出台《保障农民工工资支付工作考核办法》（国办发〔2017〕96 号）就是要进一步落实地方政府责任，将保障农民工工资及解决农民工欠薪问题作为地方政府的重要责任纳入目标考核范围，增强地方政府解决农民工工资问题的责任感和使命感。在很多农民工的欠薪案例中，一旦有政府的劳动监察部门的介入，问题相对容易解决，即使暂时不能彻底解决，也能有效缓解事态的发展，避免了一些恶性群体事件的产生，为解决农民工工资问题发挥了积极作用。

二、劳动工伤服务

（一）政策来源

《关于推进工伤认定和劳动能力鉴定便民化服务工作的通知》

（二）政策要点

1. 从 2019 年开始，全面下放工伤认定和劳动能力初次鉴定事项

从 2019 年开始全面进驻大厅，实现工伤认定和劳动能力鉴定受理事项"只进一扇门"和"一窗受理"。

2. 切实减证便民，取消不必要或重复提交的证明和材料

原则上，通过内部信息共享能够获取的，或者上一个环节已经提交的，不应要求用人单位和工伤职工重复提交。

3. 对于事实清楚、权利义务明确的工伤认定案件要通过简易程序，快认快结

对因较大安全生产事故造成人员伤亡或者社会关注度高的工伤认定案件，要主动介入，优先受理，开辟工伤认定绿色通道，及时做出工伤认定结论。对伤情清楚、证据充分、没有异议的劳动能力鉴定案件，要进一步缩短时限，尽快做出鉴定结论。

三、工伤保险

（一）政策来源

（1）《人力资源社会保障部 交通运输部 水利部 能源局 铁路局 民航局关于铁路、公路、水运、水利、能源、机场工程建设项目参加工伤保险工作的通知》（人社部发〔2018〕3号）

（2）《人力资源社会保障部办公厅关于加快推进建筑业工伤保险工作的通知》（人社厅发〔2016〕43号）

（二）政策要点

1. 大力推进建筑施工单位参加工伤保险

全面启动交通运输等行业工程建设项目参加工伤保险工作，确保在各类工地上流动就业的农民工依法享有工伤保险保障。

2. 管理服务流程和参保约束机制

针对交通运输等行业工程建设项目施工管理、用工管理的特点，设计高效、便捷、管用的管理服务流程和参保约束机制，切实做到"先参保，再开工"。

3. 依法合理确定缴费比例

建筑施工企业相对固定的职工，应按用人单位参加工伤保险。不能按用人单位参加工伤保险的职工特别是短期雇佣的农民工，应按项目优先参加工伤保险，一般应由施工项目总承包单位或项目标段合同承建单位按照劳动雇佣关系一次性代缴本项目工伤保险费，覆盖项目使用的所有职工，包括专业承包单位、劳务分包单位使用的农民工。

4. 放工人员管理

施工项目总承包单位或项目标段合同承建单位应当在工程项目施工期内督促专业承包单位、劳务分包单位建立职工花名册、考勤记录、工资发放表等台账，对项目施工期内全部施工人员实行动态实名制管理。

施工人员发生工伤后，以劳动合同为基础确认劳动关系，对未签订劳动合同的，由人力资源社会保障部门参照工资支付凭证或记录、工作证、招工登记表、考勤记录及其他劳动者证言等证据，确认事实劳动关系。对在工地内发生、事实清楚、当事双方无争议的工伤案件实行"快认快结"，一般应当在 10 日内做出工伤认定的决定。对在参保工程建设项目施工期间发生工伤，项目竣工时尚未完成工伤认定或劳动能力鉴定的，建筑施工企业要保证工伤职工医疗救治和停工留薪期间的法定待遇，在完成工伤认定及劳动能力鉴定后工伤职工依法享受各项工伤保险待遇。

5. 落实将工伤保险参保证明

落实将工伤保险参保证明作为保证工程安全施工的具体措施之一，安全施工措施未落实的项目不予核发"施工许可证"和"安全生产许可证"。对不需要核发施工许可证的建筑项目，各地劳动保障监察、社保经办机构要积极发挥管理监督职能，督促建筑企业参加工伤保险，实行早期介入，共同做到建筑业参保扩面"无死角"。

6. 提升效率，开设工伤认定和待遇支付绿色通道

适应建筑施工企业职工流动性大的特点，对于在工地内发生、事实清楚、当事双方无争议的案件实行"快认快结"，一般应当在 10 日内做出工伤认定的决定，可以开辟绿色通道，尽可能缩短劳动能力鉴定等待时限和待遇支付时限。有条件的地区对工伤认定后仍在医疗救治期间的职工特别是伤情较重人员，及时办理医疗费用联网实时结算手续，减轻施工企业和工伤职工的医疗费垫付压力。

7. 加强宣传

要在建筑项目施工现场设立工伤保险政策及参保流程宣传栏，实现宣传全覆盖，确保全体进场农民工知晓"个人不缴费、项目全参保、干活要打卡、咨询找社保"。

（三）政策解读

随着城市化进程步伐的加快，大量农村居民离开农村，进城务工，从事建筑施工、工程安装、保安保洁、家政服务等工作，为城市的发展做出了重要贡献。但是由于他们的户口还在农村，因此，

他们在农村有承包地。然而，他们在城市并未实现稳定就业，没有稳定的住所，一定程度上他们虽然离开了农村，但却无法融入城市。如何将城镇居民的政策红利释放到他们身上，让他们也能分享到城市的公共服务和发展红利，这需要政策的顶层设计，从制度层面进行安排，也需要社会共同努力，各方参与，共同完成。

国家高度重视农民工的权益工作，出台了一系列保障措施，从政策的宏观层面和具体执行的微观层面都做了安排。一是加强了对地方政府的考核力度，把地方政府保障农民工工资支付工作纳入到考核中，分成 A、B、C 三个考核等次，通过考核来推动地方政府建立健全工资支付保障制度，把治理欠薪特别是工程建设领域欠薪问题落到实处，解决到位。二是强制推动工伤保险制度的全面建立。《人力资源社会保障部 交通运输部 水利部 能源局 铁路局 民航局关于铁路、公路、水运、水利、能源、机场工程建设项目参加工伤保险工作的通知》《人力资源社会保障部办公厅关于加快推进建筑业工伤保险工作的通知》明确要求在建筑、交通、运输等行业工作的人员必须参加工伤保险，确保在各类工地上流动就业的农民工依法享有工伤保险保障。对用工单位提出了强制要求，保证做到"先参保，再开工"。针对少数未签订劳动合同的农民工，由人力资源社会保障部门参照工资支付凭证或记录、工作证、招工登记表、考勤记录及其他劳动者证言等证据，确认事实劳动关系。这种强制措施既增强了用工单位的责任感，必须规范劳动用工，也保障了农民工的权益，一旦发生纠纷，就可以依据劳动关系找劳动人事部门进行解决。发生工伤事故，有工伤保险进行保障，就可有效保护了相对弱势一方的农民工群体。

第六章　农业农村改革政策

当前，我国乡村正经历着历史性变革，农业生产从传统向现代转型，农村社会从封闭向开放转变。党的十九大做出了实施乡村振兴战略的重大部署，吹响了加快推进农业农村现代化进程的号角。通过持续深化农村改革，广袤的乡村必将焕发新的生机活力。

第一节　农村综合改革

一、政策来源

（1）《国务院关于印发全国农业现代化规划（2016—2020 年）的通知》（国发〔2016〕58 号）

（2）《中共中央国务院关于坚持农业农村优先发展做好"三农"工作的若干意见》

二、政策要点

1. 农村综合改革内容

（1）稳定完善农村基本经营制度。稳定农村土地承包关系并保持长久不变，落实集体所有权，稳定农户承包权，放活土地经营权，完善"三权"分置办法。加快推进农村承包地确权登记颁证。在有条件的地方稳妥推进进城落户农民土地承包权有偿退出试点。健全县乡农村经营管理体系，加强土地流转和规模经营的管理服务。

（2）积极发展多种形式适度规模经营。在尊重农民意愿和保护农民权益的前提下，引导农户依法自愿有序流转土地经营权，鼓励农户通过互换承包地、联耕联种等多种方式，提高机械化水平和生产效率。支持通过土地流转、土地托管、土地入股等多种形式发展适度规模经营。

（3）深化农村集体产权制度改革。着力推进农村集体资产确权到户和股份合作制改革，赋予农民对集体资产股份占有、收益、有偿退出及抵押、担保、继承权。有序推进农村集体资产股份权能改革试点，到 2020 年基本完成经营性资产折股量化到本集体经济组织成员，健全非经营性资产集体统一运行管护机制。加快建立城乡统一用地市场，在符合规划、用途管制和依法取得前提下，推进农村集体经营性建设用地与国有建设用地同等入市、同权同价。

（4）打造农业创新发展试验示范平台。推动农村改革试验区先行先试，率先突破制约农业现代化发展的体制机制障碍。推进农业可持续发展试验示范区建设。加快实施农垦国际大粮商战略，推进垦区集团化、农场企业化改革，推动农垦联合联盟联营。

2. 农村改革重点任务

（1）巩固和完善农村基本经营制度。坚持家庭经营基础性地位，赋予双层经营体制新的内涵。突出抓好家庭农场和农民合作社两类新型农业经营主体，启动家庭农场培育计划，建立健全支持家庭农场、农民合作社发展的政策体系和管理制度。落实扶持小农户和现代农业发展有机衔接的政策，完善"农户＋合作社""农户＋公司"利益联结机制。加快培育各类社会化服务组织，为一家一户提供全程社会化服务。加快出台完善草原承包经营制度的意见。加快推进农业水价综合改革，健全节水激励机制。继续深化供销合作社综合改革，制定供销合作社条例。深化集体林权制度和国有林区林场改革。大力推进农垦垦区集团化、农场企业化改革。

（2）深化农村土地制度改革。保持农村土地承包关系稳定并长久不变，研究出台配套政策，指导各地明确第二轮土地承包到期后延包的具体办法，确保政策衔接平稳过渡。完善落实集体所有权、稳定农户承包权、放活土地经营权的法律法规和政策体系。健全土地流转规范管理制度，发展多种形式农业适度规模经营，允许承包土地的经营权担保融资。坚持农村土地集体所有、不搞私有化，坚持农地农用、防止非农化，坚持保障农民土地权益、不得以退出承包地和宅基地作为农民进城落户条件，进一步深化农村土地制度改革。全面推开农村土地征收制度改革和农村集体经营性建设用地入市改革，加快建立城乡统一的建设用地市场。加快推进宅基地使用权确权登记颁证工作，力争2020年基本完成。稳慎推进农村宅基地制度改革，拓展改革试点，丰富试点内容，完善制度设计。抓紧制定加强农村宅基地管理指导意见。研究起草农村宅基地使用条例。开展闲置宅基地复垦试点。允许在县域内开展全域乡村闲置校舍、厂房、废弃地等整治，盘活建设用地重点用于支持乡村新产业新业态和返乡下乡创业。严格农业设施用地管理，满足合理需求。巩固"大棚房"问题整治成果。按照"取之于农，主要用之于农"的要求，调整完善土地出让收入使用范围，提高农业农村投入比例，重点用于农村人居环境整治、村庄基础设施建设和高标准农田建设。扎实开展新增耕地指标和城乡建设用地增减挂钩节余指标跨省域调剂使用，调剂收益全部用于巩固脱贫攻坚成果和支持乡村振兴。加快修订土地管理法、物权法等法律法规。

（3）深入推进农村集体产权制度改革。按期完成全国农村集体资产清产核资，加快农村集体资产监督管理平台建设，建立健全集体资产各项管理制度。指导农村集体经济组织在民主协商的基础上，做好成员身份确认，注重保护外嫁女等特殊人群的合法权利，加快推进农村集体经营性资产股份合作制改革，继续扩大试点范围。总结推广资源变资产、资金变股金、农民变股东经验。完善农村集体产权权能，积极探索集体资产股权质押贷款办法。研究制定农村集体经济组织法。健全农村产权流转交易市场，推动农村各类产权流转交易公开规范运行。研究完善适合农村集体经济组织特点的税收优惠政策。

（4）完善农业支持保护制度。强化高质量绿色发展导向，加快构建新型农业补贴政策体系。调整改进"黄箱"政策，扩大"绿箱"政策使用范围。完善稻谷和小麦最低收购价政策。完善玉米和大豆生产者补贴政策。健全农业信贷担保费率补助和以奖代补机制。完善农业保险政策。推进稻谷、小麦、玉米完全成本保险和收入保险试点。扩大农业大灾保险试点和"保险＋期货"试点。探索对地方优势特色农产品保险实施以奖代补试点。推动农村商业银行、农村合作银行、农村信用社逐步回归本源，为本地"三农"服务。支持重点领域特色农产品期货期权品种上市。

三、政策解读

党的十九大报告提出要全面深化改革，不断推进国家治理体系和治理能力现代化，破除一切不合时宜的思想观念和体制机制弊端，构建系统完备、科学规范、运行有效的制度体系。改革开放40多年来，我国农业农村发展取得重要成就，但直至今日，农业依然是"四化同步"的短腿，农村依然是全面建成小康社会的"短板"，深化农业农村体制机制改革，推动发展要素自由流通，推进城乡统筹，缩小城乡差距，促进城乡公共服务均等化，赋予农民更多财产性权利，让农民富起来，让农村要素活起来，这是实施乡村振兴战略和全面建成小康社会必不可少的环节。

在国家出台的深化农村改革的各项措施中，几个方面的特性表现特别突出。

一是稳。在深化土地制度改革方面，强调稳定农村土地承包关系并保持长久不变，要研究出台配套政策，指导完成第二轮土地承包到期后延包的具体办法，确保政策衔接平稳过渡。这给农民吃了定心丸，农民不用担心承包期满后土地会被收回，可以安心种地，这点非常重要。土地是农民的"命根子"，是农民赖以生存的根基，土地承包权长期不变有利于农村社会稳定，有利于巩固国家基层政权。

二是活。"活"主要体现在农村经营制度上。政策提出一方面要坚持家庭经营基础性地位，另一方面要依法推进土地流转，把土地有序地流转到想种地、能种地、能种好地的种植大户和龙头企业手中，实现规模经营，突出抓好家庭农场和农民专业合作社两类新型农业经营主体，并配套出台扶持小农户和现代农业发展有机衔接的政策，在农业保险、金融服务等方面给予支持，持续提高农业生产力。规模经营不仅能提高种植大户的生产积极性和组织化程度，增强市场竞争力，还能推动农业机械化水平，加快农业现代化步伐。

三是通。"通"主要体现在赋予农民财产权和促进农村发展要素流通两个方面。文件提出着力推进农村集体资产确权到户和股份合作制改革，赋予农民对集体资产股份占有、收益、有偿退出及抵押、担保、继承权，这项改革让农民能分享到集体资产的经营收益，能在土地承包种植收入外有额外的收入，虽然这项收入在集体经济薄弱的地区可能不多，但在集体经济雄厚、发展较好的地区确实是一笔不小的收入，在农民富起来的路上又多了一个增收途径。在要素流通方面，提出加快建立城乡统一用地市场，推进农村集体经营性建设用地与国有建设用地同等入市、同权同价。这为盘活农村发展要素，激活农村发展资源至关重要，农村集体土地增值了，才有更多的能力和资金用来改善农村生产生活环境和民生福祉，这对公共服务均等化，缩小城乡差距，提升农民幸福感有重要意义。

第二节 林权制度改革

一、政策来源

《关于完善集体林权制度的意见》（国办发〔2016〕83 号）

二、政策要点

1. 稳定集体林地承包关系

（1）对承包到户的集体林地，要将权属证书发放到户，由农户持有。对采取联户承包的集体林地，要将林权份额量化到户，鼓励建立股份合作经营机制。对仍由农村集体经济组织统一经营管理的林地，要依法将股权量化到户、股权证发放到户。

（2）依法保障林权权利人合法权益，任何单位和个人不得禁止或限制林权权利人依法开展经营活动。确因国家公园、自然保护区等生态保护需要的，可探索采取市场化方式对林权权利人给予合理补偿。在承包期内，农村集体经济组织不得强行收回农业转移人口的承包林地。有序开展进城落户农民集体林地承包权依法自愿有偿退出试点。

（3）加强合同规范化管理。承包和流转集体林地，要签订书面合同。推广使用示范文本，完善合同档案管理。

2. 引导集体林适度规模经营

（1）鼓励和引导农户采取转包、出租、入股等方式流转林地经营权和林木所有权，发展林业适度规模经营。林权流转不能搞强迫命令，不能违背承包农户意愿，不能损害农民权益，不能改变林地性质和用途。

（2）采取多种方式兴办家庭林场、股份合作林场等。大力发展品牌林业，引导生产经营主体面向市场加快发展。鼓励地方开展林业规模生产经营主体带头人和职业森林经理人培训行动。

（3）鼓励工商资本与农户开展股份合作经营，推进农村一二三产业融合发展。加大对重点生态功能区的扶持力度，支持林业生产公益性基础设施建设、地方特色优势产业发展、林业生产经营主体能力建设。

（4）以生产绿色生态林产品为导向，支持林下经济、特色经济林、木本油料、竹藤花卉等规范化生产基地建设。大力发展新技术新材料、森林生物质能源、森林生物制药、森林新资源开发利用、森林旅游休闲康养等绿色新兴产业。

（5）建立健全林权抵质押贷款制度，鼓励银行业金融机构积极推进林权抵押贷款业务，适度提高林权抵押率，推广"林权抵押+林权收储+森林保险"贷款模式和"企业申请、部门推荐、银行审批"运行机制，探索开展林业经营收益权和公益林补偿收益权市场化质押担保贷款。加大开发性、政策性贷款支持力度，完善林业贷款贴息政策。鼓励和引导市场主体对林权抵押贷款进行担保，并对出险的抵押林权进行收储。完善森林保险制度，建立健全森林保险费率调整机制，进一步完善大灾风险分散机制，扩大森林保险覆盖面，创新差别化的商品林保险产品。研究探索森林保险无赔款优待政策。林业主管部门要与保险机构协同配合，联合开展防灾减灾、宣传培训等工作。

三、政策解读

中华人民共和国成立以来，集体林权制度经历了数次改革，始终围绕广大林农与集体林权关系进行调整，探索"分与统""放与收"的林业管理和经营模式。如何让林农共享集体林权改革红利，在国家经济社会发展中有更多的获得感，如何兼顾生态保护与林农权益，把生态文明、绿色发展理念落到实处，是新时期深化林权制度改革的重要内容。

当前，深化林权制度改革取得积极成果，推动了林下经济迅速发展，林农生产积极性和经营积极性得到充分调动，但是在一些地区还存在林权产权保护不严格、生产经营水平不高、经营支持政策不完善、管理服务体系不配套不健全等现实情况。如何将政策落实到位，把政策用好、用活，在2016年出台的《关于完善集体林权制度的意见》中提出了几个方面的意见，包括加快集体林权流转、培育壮大经营主体规模、推动多种经营、加强金融支持等，但强调了在林权流转中要尊重承包户意愿，不能强制流转，发挥市场机制作用，形成合理的流转价格，推动一二三产融合、加快林业结构调整、大力发展林下经济、强化金融支持力度、开发探索森林保险等，切实把政策红利转化成生态红利和经济发展红利，形成"国家得生态，林农得实惠"的林业可持续发展模式。总之，推动林权制度改革，发展林产业经济，首当其冲是要搞好生态保护，把保护放在最重要的位置，在不破坏生态环境、强化保护的基础上适当开发利用，构建林产业保护与发展的长效机制。

第三节　农业水价改革

一、政策来源

《关于推进农业水价综合改革的意见》（国办发〔2016〕2号）

二、政策要点

1. 建立与节水成效、调价幅度、财力状况相匹配的农业用水精准补贴机制

补贴标准根据定额内用水成本与运行维护成本的差额确定，重点补贴种粮农民定额内用水。补贴的对象、方式、环节、标准、程序以及资金使用管理等，由各地自行确定。

2. 建立节水奖励机制

逐步建立易于操作、用户普遍接受的农业用水节水奖励机制。根据节水量对采取节水措施、调整种植结构节水的规模经营主体、农民用水合作组织和农户给予奖励，提高用户主动节水的意识和积极性。

3. 多渠道筹集精准补贴和节水奖励资金

统筹财政安排的水管单位公益性人员基本支出和工程公益性部分维修养护经费、农业灌排工程运行管理费、农田水利工程设施维修养护补助、调水费用补助、高扬程抽水电费补贴、有关农业奖补资金等，落实精准补贴和节水奖励资金来源。

三、政策解读

农业是我国的用水"大户"，用水量占全社会用水总量的60%以上，考验着本来就紧缺的水资源。另外，由于我国农田水利基础设施建设不足，水价调控机制不健全，价格总体水平偏低，农业用水管理不规范，地表水尚未得到有效收集，农业灌溉方式粗放等原因，农业用水不能有效地反映生态环境成本。建立农业灌溉用水量控制和定额管理制度，提高农业用水效率，增强农业用水节水意识，实现农业现代化，对维护国家水安全意义重大。

《关于推进农业水价综合改革的意见》（国办发〔2016〕2号）提出了要建立农业用水精准补贴和节水奖励机制，把农业用水量和节水量精准量化，重点补贴种粮农民定额内用水，鼓励规模经营主体、农民用水合作组织和农户采取节水措施，根据节水量进行奖励，在提高用户主动节水意识和积极性的同时降低节水设施建设成本。节水措施还包括工程节水、管理节水、价格节水、技术节水等手段协同推进，体现了综合施策、标本兼治的水价改革理念。在意见的总体目标中还提出用10年左右的时间，建立健全合理反映供水成本、有利于节水和农田水利体制机制创新与投融资体制相适应的农业水价形成机制，将实际用水量反映在水费上，通过水费来提高人们的节水意识，鼓励自行采取节水措施。采取节水措施后，不但少交水费而且还能得到节水补贴，通过节水用水的刚性约束，来有效治理地下水超采、提高地表水的合理利用和缓解水环境资源约束。

第四节　建立农村产权交易市场

一、政策来源

《国务院办公厅关于引导农村产权流转交易市场健康发展的意见》（国办发〔2014〕71号）

二、政策要点

1. 基本原则

坚持公益性为主、坚持公开公正规范、坚持因地制宜、坚持稳步推进。

2. 定位和形式

（1）性质。农村产权流转交易市场是为各类农村产权依法流转交易提供服务的平台，包括现有的农村土地承包经营权流转服务中心、农村集体资产管理交易中心、林权管理服务中心和林业产权交易所，以及各地探索建立的其他形式农村产权流转交易市场。现阶段通过市场流转交易的农村产权包括承包到户的和农村集体统一经营管理的资源性资产、经营性资产等，以农户承包土地经营权、集体林地经营权为主，不涉及农村集体土地所有权和依法以家庭承包方式承包的集体土地承包权，具有明显的资产使用权租赁市场的特征。

（2）设立。农村产权流转交易市场是政府主导、服务"三农"的非盈利性机构，可以是事业法人，也可以是企业法人。设立农村产权流转交易市场，要经过科学论证，由当地政府审批。

3. 运行和监管

（1）交易品种。法律没有限制的品种均可以入市流转交易，流转交易的方式、期限和流转交易后的开发利用要遵循相关法律、法规和政策。现阶段的交易品种主要包括：

农户承包土地经营权，是指以家庭承包方式承包的耕地、草地、养殖水面等经营权，可以采取出租、入股等方式流转交易，流转期限由流转双方在法律规定范围内协商确定。

林权，是指集体林地经营权和林木所有权、使用权，可以采取出租、转让、入股、作价出资或合作等方式流转交易，流转期限不能超过法定期限。

"四荒"使用权，是指农村集体所有的荒山、荒沟、荒丘、荒滩使用权。采取家庭承包方式取得的，按照农户承包土地经营权有关规定进行流转交易。以其他方式承包的，其承包经营权可以采取转让、出租、入股、抵押等方式进行流转交易。

农村集体经营性资产，是指由农村集体统一经营管理的经营性资产（不含土地）的所有权或使用权，可以采取承包、租赁、出让、入股、合资、合作等方式流转交易。

农业生产设施设备，是指农户、农民合作组织、农村集体和涉农企业等拥有的农业生产设施设备，可以采取转让、租赁、拍卖等方式流转交易。

小型水利设施使用权，是指农户、农民合作组织、农村集体和涉农企业等拥有的小型水利设施使用权，可以采取承包、租赁、转让、抵押、股份合作等方式流转交易。

农业类知识产权，是指涉农专利、商标、版权、新品种、新技术等，可以采取转让、出租、股份合作等方式流转交易。

其他。农村建设项目招标、产业项目招商和转让等。

（2）交易主体。凡是法律、法规和政策没有限制的法人和自然人均可以进入市场参与流转交易，具体准入条件按照相关法律、法规和政策执行。现阶段市场流转交易主体主要有农户、农民合作社、农村集体经济组织、涉农企业和其他投资者。农户拥有的产权是否入市流转交易由农户自主决定。任何组织和个人不得强迫或妨碍自主交易。一定标的额以上的农村集体资产流转必须进入市场公开交易，防止暗箱操作。农村产权流转交易市场要依法对各类市场主体的资格进行审查核实、登记备案。产权流转交易的出让方必须是产权权利人，或者受产权权利人委托的受托人。除农户宅基地使用权、农民住房财产权、农户持有的集体资产股权之外，流转交易的受让方原则上没有资格限制（外资企业和境外投资者按照有关法律、法规执行）。

4. 扶持政策

各地要稳步推进农村集体产权制度改革，扎实做好土地承包经营权、集体建设用地使用权、农户宅基地使用权、林权等确权登记颁证工作。实行市场建设和运营财政补贴等优惠政策，通过采取购买社会化服务或公益性岗位等措施，支持充分利用现代信息技术建立农村产权流转交易和管理信息网络平台，完善服务功能和手段。组织从业人员开展业务培训，积极培育市场中介服务组织，逐步提高专业化水平。

三、政策解读

建立农村产权流转交易市场是深化农村产权制度改革的重要内容，事关农村改革发展稳定大局，有利于保障农民和农村集体经济组织的财产权益，有利于提高农村要素资源配置水平和利用效率，有利于加快推进农业现代化。

随着农村劳动力的持续转移和农村改革的不断深化，农户承包土地经营权、林权等各类农村产权流转交易的需求明显增长，一些地方建立了多种形式的农村产权流转交易市场和服务平台，为农村产权流转交易提供了有效服务，为深化农村产权改革发挥了积极作用。但是，在农村产权流转交易市场的设立、运行、监督及发展过程中，也存在一些不规范、不完善、不健全的地方。如何解决这些问题，国务院办公厅印发的意见给出了答案。意见要求，引导农村产权流转交易市场健康发展要坚持公益性为主、公开公正规范、因地制宜、稳步推进的原则，在探索中推进实施，不冒进，不搞一刀切。意见也对农村产权流转交易市场的性质、功能、设立、构成和形式做了明确说明。关于交易品种，意见指出法律没有限制的品种均可以入市流转交易，对流转交易的方式、期限和流转交易（农户承包土地经营权、林权、"四荒"使用权、农村集体经营性资产、农业生产设施设备、小型水利设施使用权）和交易主体等做了规定，也强调了要加强对其监督管理，对耕地、林地、草地、水利设施等产权流转交易后的开发利用，不能改变用途，不能破坏农业综合生产能力，不能破坏生态功能，性质不能改变。不仅为农村产权流转交易市场的设立和运行指明了方向，而且划出了红线，不能逾越。

随着土地承包经营权、集体建设用地使用权、农户宅基地使用权、林权等确权登记颁证工作的完成，产权交易的基础不断夯实，许多农村沉睡的资本及发展要素将被激活，一些相关产业将会逐渐发展起来，农民富、乡村美、农业强的目标也会实现。

第五节　农业供给侧结构性改革

一、政策来源

《关于加快推进农业供给侧结构性改革大力发展粮食产业经济的意见》（国办发〔2017〕78号）

二、政策要点

1. 培育壮大粮食产业化龙头企业

认定和扶持一批具有核心竞争力和行业带动力的粮食产业化重点龙头企业，引导支持龙头企业与新型农业经营主体和农户构建稳固的利益联结机制。支持符合条件的龙头企业参与承担政策性粮食收储业务。

2. 支持多元主体协同发展

大力培育和发展粮食产业化联合体。支持符合条件的多元主体积极参与粮食仓储物流设施建设、产后服务体系建设等。促进全产业链发展。粮食企业要发展"产购储加销"一体化模式，构建从田间到餐桌的全产业链。探索开展绿色优质特色粮油种植、收购、储存、专用化加工试点。

3. 推动产业集聚发展

发展粮油食品产业集聚区，打造一批优势粮食产业集群，支持主销区企业到主产区投资建设粮源基地和仓储物流设施。

4. 发展粮食循环经济

以绿色粮源、绿色仓储、绿色工厂、绿色园区为重点，构建绿色粮食产业体系。推广"仓顶阳光工程"、稻壳发电等新能源项目。

5. 积极发展新业态

推进"互联网＋粮食"行动，积极发展粮食电子商务，推广"网上粮店"等新型粮食零售业态，促进线上线下融合。支持爱粮节粮宣传教育基地和粮食文化展示基地建设，鼓励发展粮食产业观光、体验式消费等新业态。

6. 增加绿色优质粮油产品供给

实施"中国好粮油"行动计划。推进出口食品农产品生产企业内外销产品"同线同标同质"工程，开发绿色优质、营养健康的粮油新产品，促进优质粮食产品的营养升级扩版。推广大米、小麦粉和食用植物油适度加工，大力发展全谷物等新型营养健康食品。推动地方特色粮油食品产业化，加快发展杂粮、杂豆、木本油料等特色产品。

7. 大力促进主食产业化

认定一批放心主食示范单位，推广"生产基地＋中央厨房＋餐饮门店"、"生产基地＋加工企业＋商超销售"、"作坊置换＋联合发展"等新模式。保护并挖掘传统主食产品，增加花色品种。

8. 加快科技成果转化推广

深入实施"科技兴粮工程"，推动科技成果产业化。建设粮食产后服务体系。建设一批专业化、市场化的粮食产后服务中心，为农户提供粮食"五代"（代清理、代干燥、代储存、代加工、代销售）服务，促进粮食提质减损和农民增收。

9. 政策保障

（1）加大财税扶持力度。统筹利用商品粮大省奖励资金、产粮产油大县奖励资金、粮食风险基金等支持粮食产业发展。新型农业经营主体购置仓储、烘干设备，可按规定享受农机具购置补贴。落实粮食加工企业从事农产品初加工所得按规定免征企业所得税政策和国家简并增值税税率有关政策。

（2）健全金融保险支持政策。积极开展企业厂房抵押和存单、订单、应收账款质押等融资业务，创新"信贷＋保险"、产业链金融等多种服务模式。鼓励和支持保险机构为粮食企业开展对外贸易和"走出去"提供保险服务。

（3）落实用地用电等优惠政策。在土地利用年度计划中，对粮食产业发展重点项目用地予以统筹安排和重点支持。支持和加快国有粮食企业依法依规将划拨用地转变为出让用地，增强企业融资功能。落实粮食初加工用电执行农业生产用电价格政策。

三、政策解读

粮食问题是战略问题。习近平总书记强调："中国人的饭碗任何时候都要牢牢端在自己手上。我们的饭碗应该主要装中国粮。"保障国家粮食安全是一个永恒的课题，任何时候这根弦都不能松。

当前，我国粮食连年丰收，粮食供给由总量不足转为结构性矛盾，库存高企、销售不畅、优质粮食供给不足、深加工转化滞后等问题突出，制约着粮食产业经济的发展，需加快推进农业供给侧结构性改革，大力发展粮食产业经济，促进农业提质增效、农民就业增收和经济社会发展。

2017年国务院办公厅印发了《关于加快推进农业供给侧结构性改革大力发展粮食产业经济的意见》，制定了许多具体政策。涵盖了生产、加工、仓储、物流等方面，要求要培养和打造具有全球竞争力的粮食企业，大力培育和发展粮食产业化联合体，增强粮食龙头企业的核心竞争力，在仓储、物流建设方面下功夫，支持符合条件的多元主体积极参与粮食仓储物流设施建设，统筹用好国际、国内"两个市场、两种资源"，在保障粮食安全的基础上做大做强粮食产业。针对当前粮食产业出现的产业结构不合理、产能利用率低，粮食精深加工能力不足，中高端产品缺口较大，低端产能过剩等结构性问题，《意见》提出了要进行新旧动能转换，延伸产业链条，提升产业的关联度，发展粮食循环经济，积极发展新业态，增加绿色优质粮油产品供给，满足不同需求，加快粮食产业经济转型升级，实现结构优化、动能转化、持续发展的愿景。

第七章　农村教育政策

　　中国是农业大国，农业人口一直占多数，农村教育在教育事业中具有十分重要的地位。党的十九大提出的乡村振兴战略为农村教育发展带来了千载难逢的机遇。教育既承载着传播知识、塑造文明乡风的功能，又为乡村建设提供了人才支撑。农村教育事业的发展，无疑是乡村振兴战略的重要支点，对接和服务好乡村振兴战略。

第一节 学前教育

一、政策来源

《中共中央国务院关于学前教育深化改革规范发展的若干意见》
（2018 年 11 月 7 日）

二、政策要点

1. 科学规划布局

大力发展农村学前教育，每个乡镇原则上至少办好一所公办中心园，大村独立建园或设分园，小村联合办园，人口分散地区根据实际情况可举办流动幼儿园、季节班等，配备专职巡回指导教师，完善县乡村三级学前教育公共服务网络。

2. 积极挖潜扩大增量

充分利用腾退搬迁的空置厂房、乡村公共服务设施、农村中小学闲置校舍等资源，以租赁、租借、划转等形式举办公办园。

3. 优化经费投入结构

支持地方多种形式扩大普惠性资源，重点向中西部农村地区和贫困地区倾斜。

4. 完善学前教育资助制度

各地要认真落实幼儿资助政策，确保接受普惠性学前教育的家庭经济困难儿童（含建档立卡家庭儿童、低保家庭儿童、特困救助供养儿童等）、孤儿和残疾儿童得到资助。

三、政策解读

2018 年 11 月 7 日，中共中央、国务院印发了《关于学前教育深化改革规范发展的若干意见》，针对幼儿教育"入园难""入园贵"等社会高度关注、老百姓普遍关心的事情给出了具体措施。在很多地区，学前教育资源尤其是普惠性资源不足，优质资源供给更少，是目前学前教育面临的客观问题，大多数幼儿园都是私立的，收费高，入园贵，很多家庭难以承受，尤其农村的一些低收入家庭更是如此。解决农村儿童的学前教育问题，既是家庭问题，也是社会问题，既是经济问题，也是民生问题。

该意见提出，到 2020 年，普惠性幼儿园覆盖率达到 80%，扩大公办园的比例，降低儿童入园费用，减轻家庭负担，同时鼓励多元化学前教育发展，满足不同家庭的幼儿教育需求。该意见还提出，大村独立建园或设分园，小村联合办园，利用腾退搬迁的空置厂房、乡村公共服务设施、农村中小学闲置校舍等资源举办公办园。这种办园思路如能有效落实，将极大地解决了农村幼儿入园难、入园远、入园贵的现实难题，补齐农村学前教育的短板，无论对提高农村孩子学习教育水平，还是对推动未来农村发展都将产生积极影响。

该意见也明确要求要加大对中西部农村地区、贫困地区普惠性幼儿园建设的财政投入和政策支持力度，把支持这些地区的学前教育发展与脱贫攻坚结合起来，把发展教育作为脱贫防返贫的重要措施来抓，注重源头标本兼治，为推动农村、贫困地区可持续发展注入动力。

第二节　义务教育

一、政策来源

（1）《国务院办公厅关于进一步加强控辍保学提高义务教育巩固水平的通知》（国办发〔2017〕72 号）

（2）《国务院办公厅关于全面加强乡村小规模学校和乡镇寄宿制学校建设的指导意见》（国办发〔2018〕27 号）

（3）《国务院办公厅关于进一步调整优化结构提高教育经费使用效益的意见》（国办发〔2018〕82 号）

（4）《国务院关于统筹推进县域内城乡义务教育一体化改革发展的若干意见》（国发〔2016〕40 号）

二、政策要点

1. 义务教育控辍保学

（1）把残疾儿童、残疾人子女、服刑人员未成年子女、留守儿童、直过民族地区适龄儿童作为重中之重，按照"一家一案，一生一案"制订扶贫方案，确保孩子不因家庭经济困难而失学辍学。

2. 认真落实义务教育"两免一补"、农村义务教育学生营养改善计划等惠民政策。对符合资助政策的残疾学生和残疾人子女优先予以资助。加大对家庭经济困难学生资助力度，免除公办普通高中建档立卡等家庭经济困难学生学杂费。

3. 在交通便利、公共服务成型的乡镇加强寄宿制学校建设，在人口稀少、地处偏远、交通不便的地方应保留或设置教学点，保障学生就近上学的需要。完善不能到校学习的重度残疾儿童送教上门制度。全面建立以居住证为主要依据的随迁子女入学政策，为随迁子女平等接受义务教育提供条件。

4. 严格落实对学生规模不足 100 人的村小学和教学点按 100 人核定公用经费政策，确保经费落实到学校（教学点）。

5. 各级教育部门和残联组织、安置帮教机构要共同核查未入学适龄残疾儿童少年、服刑人员未成年子女数据，安排他们以合适形式接受义务教育并纳入学籍管理，同时防止空挂学籍和中途辍学。

2. 乡村小学办学政策

（1）原则上小学 1~3 年级学生不寄宿，就近走读上学，路途时间一般不超过半小时；4~6 年级学生以走读为主，在住宿、生活、交通、安全等有保障的前提下可适当寄宿，具体由县级人民政府根据当地实际确定。

（2）积极消除城镇学校大班额，在人口较为集中、生源有保障的村单独或与相邻村联合设置完全小学；地处偏远、生源较少的地方，一般在村设置低年级学段的小规模学校，在乡镇设置寄宿制中心学校，满足本地学生寄宿学习需求。坚持办好民族地区学校、国门学校和边境学校。

（3）撤并后的闲置校舍应主要用于发展乡村学前教育、校外教育、留守儿童关爱保护等。对已经撤并的小规模学校，由于当地生源增加等原因确有必要恢复办学的，要按程序恢复。

（4）开展校园周边环境综合治理，确保学生上下学安全。

（5）切实落实对乡村小规模学校按100人拨付公用经费和对乡镇寄宿制学校按寄宿生年生均200元标准增加公用经费补助政策，中央财政继续给予支持。

（6）推进对口支教。推进城镇学校教师定期轮流到乡村学校任教。

3. 提高乡村办学质量政策

（1）重点保障义务教育均衡发展。全面加强乡村小规模学校和乡镇寄宿制学校建设，提升乡村学校办学水平，振兴乡村教育。推动建立以城带乡、整体推进、城乡一体、均衡发展的义务教育发展机制，着力解决人民群众关心的控辍保学、"大班额"、随迁子女就学、家庭无法正常履行教育和监护责任的农村留守儿童入校寄宿等突出问题。

（2）补齐教育发展短板。支持发展面向农村的职业教育，服务乡村振兴战略。

（3）财政教育经费着力向深度贫困地区和建档立卡等家庭经济困难学生倾斜。健全学生资助制度，完善资助办法，提高精准水平，实现应助尽助。强化资助育人理念，构建资助育人质量提升体系。

4. 统筹城乡教育政策

（1）努力办好乡村教。因撤并学校造成学生就学困难的，当地政府应因地制宜，采取多种方式予以妥善解决。着力提升乡村教育质量，加强校长教师轮岗交流和乡村校长教师培训、将优质高中招生分配指标向乡村初中倾斜等方式，补齐乡村教育短板。城镇学校和优质学校教师每学年到乡村学校交流轮岗的比例不低于符合交流条件教师总数的10%。

（2）全面改善贫困地区义务教育薄弱学校基本办学条件。适当提高寄宿制学校、规模较小学校和北方取暖地区学校公用经费补助水平。到2018年基本消除66人以上超大班额，到2020年基本消除56人以上大班额。

（3）义务教育学校要加大对学习困难学生的帮扶力度，落实辍学学生劝返、登记和书面报告制度，劝返无效的，应书面报告县级教育行政部门和乡镇人民政府，相关部门应依法采取措施劝返复学。

（4）改革随迁子女就学机制。建立以居住证为主要依据的随迁子女入学政策，切实简化优化随迁子女入学流程和证明要求，提供便民服务，依法保障随迁子女平等接受义务教育。推动"两免一补"资金和生均公用经费基准定额资金随学生流动可携带。要坚持以公办学校为主安排随迁子女就学，对于公办学校学位不足的可以通过政府购买服务方式安排在普惠性民办学校就读。公办和民办学校都不得向随迁子女收取有别于本地户籍学生的任何费用。

三、政策解读

义务教育是依照法律规定对所有适龄儿童统一实施的具有普及性、强制性、免费性的学校教育，是提升国民素质的基础，是实现社会公平的起点也是消除文盲、提高全民族人口素质的关键措施。目前，适龄儿童"有学上"的问题已经解决，但是各区域间、城乡间、学校间发展不均衡的问题仍然突出，推进区域内义务教育的均衡发展，让适龄儿童"上好学"还有很长的路要走，尤其在广大的中西部农村地区和贫困地区。

近年来，国家出台了一系列提升义务教育发展质量的措施，取得了积极成效并对未来推动义务教育均衡发展工作提出了相应的要求。一是针对乡村小规模学校和乡镇寄宿制学校建设方面，要求小学1～3年级学生不寄宿，就近走读上学，4～6年级学生以走读为主，充分考虑到了孩子太小不适宜寄宿，方便孩子父母照看等现实困难，政策具有人性化特点，同时要求走读又不能太远，太远了接送不方便，所以文件规定路途时间不超过半小时，合理安排走读与寄宿。二是关于大班制的问题，要求在人口较为集中、生源有保障的村单独或与相邻村联合设置完全小学，消除大班制，作用在于方便班级管理，便于学生交流，达到提高教学质量的目的。三是关于提高教育质量问题，文件提出了推动城镇学校教师定期轮流到乡村学校任教，硬性推动教师交流，通过城乡教师的交流提高乡村学校的教学水平，逐步推动城乡教育均衡化发展。推动城乡教育均衡发展是教育公平的具体体现，也是未来教育发展的大势所趋，国家对政策执行的力度也会越来越大。

第三节 职业教育

一、政策来源

（1）《国务院关于印发国家职业教育改革实施方案的通知》（国发〔2019〕4号）

（2）《教育部财政部关于实施中国特色高水平高职学校和专业建设计划的意见》（教职成〔2019〕5号）

二、政策要点

1. 中等职业教育政策

加大对民族地区、贫困地区和残疾人职业教育的政策、金融支持力度，落实职业教育东西协作行动计划，办好内地少数民族中职班。积极招收下岗职工、返乡农民工等接受中等职业教育。

2. 农村高职教育政策

（1）深化复合型技术技能人才培养培训模式改革，率先开展"学历证书＋若干职业技能等级证书"制度试点。着力培养一批产业急需、技艺高超的高素质技术技能人才。

（2）对"双高计划"学校给予重点支持，中央财政通过现代职业教育质量提升计划专项资金对"双高计划"给予奖补支持，发挥引导作用。

三、政策解读

职业教育是国家教育体系的重要组成部分，担负着为国家和社会培养技能技术人才的重任，对推动国家制造业发展有其重要意义。众所周知，德国制造受到世界各地的欢迎，主要原因就在于德国制造，质量过硬、技术先进，工艺美观，德国制造的成功归根结底在于德国有完备、完整的职业教育体系，培育了一大批技术精湛的产业工人和技术人才。当前，中国正在实施"中国制造2025计划"，着力推动中国从制造业大国向制造业强国转变，"中国制造2025计划"的核心就是实现制造业智能升级，人才是根本，没有一支技术型、创新型、复合型的产业工人队伍作为支撑，最终只能成为"镜中月""手中花"，技术人才的在制造业转型升级中将发挥十分关键而独特的作用。

随着中国制造业转型升级进程的不断加快，职业技术教育各项政策的落实，技术人才、尤其是高精尖技术人才将大有可为，再精密的仪器需要工人加工完成，再先进的技术需要工人来进行操作，工人将成为工业制造到工业智造转型升级中最宝贵、最必不可少的资源和要素。因此，针对一些高中毕业后考试成绩相对不好的学生来说，可以选择一些高职高专院校的技术技能培养型专业，在学习专业知识的同时，加强实践技能提高，按照未来产业发展的要求去磨练自己，在技术技能环节再提高，再磨练，只要技术好，未来不仅好就业，而且工资待遇高，是一个不错的选择。

第四节　高等教育

一、政策来源

（1）《教育部关于做好2019年普通高校招生工作的通知》（教学〔2019〕1号）

（2）《教育部办公厅关于做好2019年重点高校招收农村和贫困地区学生工作的通知》（教学厅〔2019〕3号）

二、政策要点

1. 中西部协作计划

（1）继续实施"国家支援中西部地区招生协作计划"，继续向重点高校录取比例相对较低的省份倾斜。

（2）继续实施重点高校招收农村和贫困地区学生专项计划，深入贫困地区中学，加大专项计划宣传解读，为农村和贫困地区学生提供更多便利和帮助。

（3）落实随迁子女在流入地参加高考政策。有关地方要进一步完善高考报名条件和办法，优化资格审核程序，确保符合条件的进城务工人员及其他非户籍就业人员随迁子女都能在当地参加高考。对于不符合流入地报考条件的考生，流入地省级高校招生委员会要主动协调流出地予以稳妥解决，原则上回流出地参加高考。

2. 重点高校定向招生政策

（1）国家专项计划定向招收贫困地区学生。招生学校为中央部门所属高校和各省（区、市）所属重点高校，实施区域为集中连片特殊困难县、国家级扶贫开发重点县以及新疆南疆四地州。报考学生须同时具备下列三项条件：①符合 2019 年统一高考报名条件；②本人具有实施区域当地连续 3 年以上户籍，其父亲或母亲或法定监护人具有当地户籍；③本人具有户籍所在县高中连续 3 年学籍并实际就读。

（2）高校专项计划定向招收边远、贫困、民族等地区县（含县级市）以下高中勤奋好学、成绩优良的农村学生。招生学校为教育部直属高校和其他自主招生试点高校，具体实施区域由有关省（区、市）确定。报考学生须同时具备下列三项基本条件：①符合 2019 年统一高考报名条件；②本人及父亲或母亲或法定监护人户籍地在实施区域的农村，本人具有当地连续 3 年以上户籍；③本人具有户籍所在县高中连续 3 年学籍并实际就读。有关高校可在此基础上提出其他报考要求并在招生简章中明确，确保优惠政策惠及农村学生。

三、政策解读

当前，国家正在推进乡村振兴战略，亟待补齐农村人才缺乏的短板，加强农村人才培育，培养更多高学历、高素质、高技能人才至关重要。

近年来，国家出台了一系列支持农村学生接受高等教育的政策和措施，一些高等学校对偏僻农村、贫困地区的高中毕业生在招生政策上进行倾斜，让农村的孩子有相对多的机会、相对大的几率进入高等学府学习，2019年，教育部印发了《关于做好2019年普通高校招生工作的通知》（教学〔2019〕1号）明确继续实施"国家支援中西部地区招生协作计划"，继续向重点高校录取比例相对较低的省份倾斜，继续实施重点高校招收农村和贫困地区学生专项计划，为农村和贫困地区学生提供更多便利和帮助。对随迁子女在流入地参加高考做了新的规定，让跟随父母到打工地就学的孩子能在就学地参加高考，减少了孩子因重复适应环境而带来的麻烦，可以安心备考，为孩子在高考中取得好成绩创造了必要条件，也解除了孩子父母的后顾之忧。教育部办公厅在2019年也印发了《关于做好2019年重点高校招收农村和贫困地区学生工作的通知》（教学厅〔2019〕3号），明确要求中央部门所属高校和各省（区、市）所属重点高校，要为集中连片特殊困难县、国家级扶贫开发重点县以及新疆南疆四地州的学生提供政策支持，为农村孩子，尤其是贫困地区的孩子进入名校提供了"捷径"，这对农村孩子来说，是一个重大利好，因为自己不但能考上大学，而且相比以前还有更大的机会进入重点名校，这是以前想都不敢想的事情，因为这是每一个高中生的梦想，对农村孩子更是如此。

第五节　新型职业农民培育

一、政策来源

（1）《农业农村部财政部发布2019年重点强农惠农政策》

（2）《农业农村部办公厅关于印发农业农村部2019年人才工作要点的通知》

二、政策要点

1. 新型职业农民培育

以农业职业经理人、现代青年农场主、农村实用人才带头人、新型农业经营主体骨干、农业产业扶贫对象作为重点培育对象，提升其生产技能和经营管理水平。支持有能力的农民合作社、专业技术协会、农业龙头企业等主体承担培训工作。

2. 提升新型职业农民发展质量

健全完善职业农民队伍工作体系，从队伍建设、教育培养、政策支持和社会保障等方面促进职业农民全面发展。举办第二届全国新型职业农民发展论坛，编制《2019 年全国新型职业农民发展报告》，开展 2019 年全国新型职业农民发展指数研究。

3. 深入实施新型职业农民培育工程

优化新型职业农民培育工程结构，坚持面向产业、融入产业、服务产业，着力建机制、定标准、抓考核，形成"一主多元"的教育培训体系，实施好农业经理人、现代青年农场主和新型农业经营主体带头人等分类培育计划，全年培育 100 万名新型职业农民。积极探索在新型职业农民培育中开设重点班，衔接学历提升教育。

4. 大力培育新型职业农民

持续实施新型职业农民培育工程，再培育 100 万以上新型职业农民，支持新型经营主体承担培训任务。大力发展面向乡村振兴实际需求的农业职业教育，推动高等院校加强涉农专业建设，依托农业中高等院校和社会主体培训培养更多农业科技和农村实用人才。

三、政策解读

以前，农民是一种身份，是城乡二元结构的产物。未来，农民是一种职业，他们把种地和从事农业生产经营当成一份工作和一份事业．这种转变是农业发展的必然选择。在实施乡村振兴战略的当下，国家出台了一系列培育职业农民的政策，目的就是要让"农业成为有奔头的产业，让农民成为有吸引力的职业"。长期来来，很多农民靠种地为生，一家一户的小农生产方式不仅不能提高劳动生产率，而且由于零散小规模的农业发展形式难以形成农业发展的规模效应，生产成本居高不下，一年到头刨去自身投工投劳的部分，利润所剩无几，使得现在的很多年轻人不愿意种地，都想去外面打工，然而，随着时代的变化和农业发展方式的转变，未来的农业发展将呈现传统农业与现代农业相辅相承、齐头并进的局面，而且农业生产者更多的是既要有文化，还要懂技术，也就是我们今天所说的新型职业农民。

职业农民在国外，尤其是农业比较发达的西方国家已经比较普遍，我国实施职业农民培育相对晚一些，相关的制度及配套政策尚未完全建立起来，如何让职业农民证书变得更有含金量，还有很长的路要走。当前，我国一些地方的职业农民培育大多以技能技术培训为主，职业农民的遴选、培训及认定走得较快，其他包括政策支持、产业发展配套方面的措施相对滞后，随着职业农民培育进程的不断深入，新型职业农民群体的不断壮大，在乡村振兴中的示范、带动、引领作用会更加凸显，相应的包括资金、项目、技术职称评定、社会保险等方面的政策会越来越多，越来越完善，职业农民证书的含金量也会越来越重。这对我国的新型职业农民是一个好事情，希望职业农民按照习近平总书记提出的"爱农业、懂技术、善经营"的要求，积极参加各种培训和学习，利用各种机会来提高自己，练好内功，勇于进取，不怕吃苦，走出一条体面、光荣、有奔头的农业致富之路。

参考文献

[1]《中共中央国务院关于实施乡村振兴战略的意见》，中华人民共和国中央人民政府网站，http：//www. gov. cn/zhengce/2018 - 02/04/content_ 5263807. htm，2018 - 02 - 04。

[2]《中共中央国务院印发国家乡村振兴战略规划（2018—2022年)》，中华人民共和国中央人民政府网站，http：//www. gov. cn/zhengce/2018 - 09/26/content_ 5325534. htm，2018 - 09 - 26。

[3]《国务院办公厅关于推进奶业振兴保障乳品质量安全的意见》，中华人民共和国中央人民政府网站，http：//www. gov. cn/zhengce/content/2018 - 06/11/content_ 5297839. htm，2018 - 06 - 11。

[4]《农业农村部办公厅生态环境部办公厅关于进一步做好受污染耕地安全利用工作的通知》，中华人民共和国农业农村部网站，ht-tp：//www. moa. gov. cn/gk/zcfg/qnhnzc/201904/t20190422_ 6212175. htm，2019 - 04 - 22。

[5]《农业农村部财政部发布 2019 年重点强农惠农政策》；中华人民共和国农业农村部网站，http：//www. moa. gov. cn/gk/zcfg/qnhnzc/201904/t20190416_ 6179338. htm，2019 - 04 - 16。

[6]《国务院关于印发土壤污染防治行动计划的通知》，中华人民共和国中央人民政府网站，http：//www. gov. cn/zhengce/content/2016 - 05/31/content_ 5078377. htm，2016 - 05 - 31。

[7]《农业部办公厅关于开展"美丽乡村"创建活动的意见》，中华人民共和国农业农村部网站，http：//www. moa. gov. cn/gk/tzgg_ 1/tz/201302/t20130222_ 3223999. htm，2013 - 02 - 22。

[8]《农村人居环境整治三年行动方案》，中华人民共和国中央人民政府网站，http：//www. gov. cn/zhengce/2018 - 02/05/content_ 5264056. htm，2018 - 02 - 05。

[9]]《中共中央国务院关于建立健全城乡融合发展体制机制和政策体系的意见》，中华人民共和国中央人民政府网站，http：//www. gov. cn/zhengce/2019 - 05/05/content_ 5388880. htm，2019 - 05

－05。

[10]《中共中央国务院关于加快推进生态文明建设的意见》，中华人民共和国中央人民政府网站，http：//www.gov.cn/xinwen/2015－05/05/content_2857363.htm，2015－05－05。

[11]《住房城乡建设部等部门关于开展改善农村人居环境示范村创建活动的通知》（建村〔2016〕274号），中华人民共和国住房和城乡建设部网站，http：//www.mohurd.gov.cn/wjfb/201612/t20161213_229942.html，2016年12月9日。

[12]《全国"十三五"脱贫攻坚规划》（国发〔2016〕64号），中华人民共和国中央人民政府网站，http：//www.gov.cn/zhengce/content/2016－12/02/content_5142197.htm，2016年11月23日。

[13]《国家旅游局关于进一步做好当前旅游扶贫工作的通知》（旅发〔2018〕27号），国务院扶贫开发领导小组办公室网站，http：//www.cpad.gov.cn/art/2018/3/4/art_46_79572.html，2018－03－04。

[14]《国务院办公厅关于深入开展消费扶贫助力打赢脱贫攻坚战的指导意见》（国办发〔2018〕129号），中华人民共和国中央人民政府网站，http：//www.gov.cn/zhengce/content/2019－01/14/content_5357723.htm，2019年01月14日。

[15]《关于推进网络扶贫的实施方案（2018—2020年）》（工信部通信〔2018〕83号），国务院扶贫开发领导小组办公室网站，http：//www.cpad.gov.cn/art/2018/6/6/art_50_85021.html，2018－06－06。

[16]《关于进一步加大就业扶贫政策支持力度着力提高劳务组织化程度的通知》（人社部发〔2018〕46号），中华人民共和国人力资源和社会保障部网站，http：//www.mohrss.gov.cn/gkml/zcfg/gfxwj/201808/t20180820_299549.html，2018年08月08日。

[17]《关于加强和完善建档立卡贫困户等重点对象农村危房改造若干问题的通知》（建村〔2017〕192号），中华人民共和国住房和城乡建设部网站，http：//www.mohurd.gov.cn/wjfb/201709/t20170906_233201.html，2017年8月28日。

[18]《深度贫困地区教育脱贫攻坚实施方案(2018—2020年)》的通知(教发〔2018〕1号),国务院扶贫开发领导小组办公室网站,http://www.cpad.gov.cn/art/2018/2/27/art_46_79213.html,2018 -02-27。

[19]《职业教育东西协作行动计划滇西实施方案》(2017—2020年),国务院扶贫开发领导小组办公室网站,http://www.cpad.gov.cn/art/2017/9/25/art_46_70941.html,2017-09 -25。

[20]《生态扶贫工作方案》(发改农经〔2018〕124号),中华人民共和国中央人民政府网站,http://www.gov.cn/xinwen/2018-01/24/content_5260157.htm,2018-01-24。

[21]《人力资源社会保障部财政部关于使用失业保险基金支持脱贫攻坚的。通知》(人社部发〔2018〕35号),中华人民共和国人力资源和社会保障部网站,http://www.mohrss.gov.cn/gkml/zcfg/gfxwj/201807/t20180703_296729.html,2018年06月26日。

[22]《国务院扶贫办关于完善扶贫龙头企业认定和管理制度的通知》(国开办发〔2017〕62号),国务院扶贫开发领导小组办公室网站,http://www.cpad.gov.cn/art/2018/1/4/art_50_76182.html,2018-01-04。

[23]《贫困地区水电矿产资源开发资产收益扶贫改革试点方案》,国办发〔2016〕73号,中华人民共和国中央人民政府网站,http://www.gov.cn/zhengce/content/2016-10/18/content_5120613.htm,2016年10月18日。

[24]《关于坚持农业农村优先发展做好"三农"工作的若干意见》,中华人民共和国中央人民政府网站,http://www.gov.cn/zhengce/2019-02/19/content_5366917.htm,2019-02-19。

[25]《中央农村工作领导小组办公室农业农村部关于做好2019年农业农村工作的实施意见》(中农发〔2019〕1号)。

[26]《国务院关于印发全国农业现代化规划(2016—2020年)的通知》(国发〔2016〕58号),中华人民共和国中央人民政府网站,http://www.gov.cn/zhengce/content/2016-10/20/content_5122217.

htm，2016 年 10 月 20 日。

[27]《农业部国家发展改革委财政部国土资源部人民银行税务总局关于促进农业产业化联合体发展的指导意见》(农经发〔2017〕9号)。

[28]《关于促进小农户和现代农业发展有机衔接的意见》，中华人民共和国中央人民政府网站，http：//www. gov. cn/zhengce/2019 - 02/21/content_ 5367487. htm，2019 - 02 - 21。

[29]《国务院办公厅关于促进农村电子商务加快发展的指导意见》(国办发〔2015〕78 号)，中华人民共和国中央人民政府网站，ht-tp：//www. gov. cn/zhengce/content/2015 - 11/09/content_ 10279. htm，2015 年 11 月 09 日。

[30]《商务部关于推进农商互联助力乡村振兴的通知》，中华人民共和国商务部网站，http：//www. mofcom. gov. cn/article/b/fwzl/201805/20180502747618. shtml，2018 - 05 - 24。

[31]《商务部办公厅中华全国供销合作总社办公厅关于深化战略合作推进农村流通现代化的通知》(商办建函〔2018〕107 号)，中华人民共和国商务部网站，http：//www. mofcom. gov. cn/article/b/d/201804/20180402727704. shtml，2018 - 04 - 02。

[32]关于加快推进畜禽养殖废弃物资源化利用的意见(国办发〔2017〕48 号)，中华人民共和国中央人民政府网站，http：//www. gov. cn/zhengce/content/2017 - 06/12/content _ 5201790. htm，2017 年 06 月 12 日。

[33]《农业农村部关于支持长江经济带农业农村绿色发展的实施意见》(农计发〔2018〕23 号)，中华人民共和国农业农村部网站，http：//www. moa. cn/govpublic/FZJHS/201809/t20180921_ 6157725. htm，2018 年 09 月 21 日。

[34]《中共中央国务院关于深化改革加强食品安全工作的意见》，中华人民共和国中央人民政府网站，http：//www. gov. cn/zhengce/2019 -05/20/content_ 5393212. htm，2019 - 05 - 20。

[35]《国家质量兴农战略规划》(2018—2022 年)，中华人民共和国农业农村部网站，http：//www. moa. cn/nybgb/2019/201902/

201905/t20190517_ 6309469. htm，2019 - 02 - 20。

[36]《农业农村部关于印发 2019 年动物及动物产品兽药残留监控计划的通知》（农牧发〔2019〕13 号），中华人民共和国农业农村部网站，http：//www. moa. gov. cn/govpublic/SYJ/201904/t20190410 _ 6178507. htm，2019 年 04 月 10 日。

[37]《财政部农业部关于修订农业资源及生态保护补助资金管理办法的通知》（财农〔2017〕42 号），中华人民共和国农业部网站，http：//jiuban. moa. gov. cn/zwllm/zcfg/nybgz/201706/t20170601_ 5649037. htm，2017 - 04 - 28。

[38]《关于印发农业生产发展资金管理办法的通知》（财农〔2017〕41 号），中华人民共和国财政部网站，http：//www. mof. gov. cn/zhengwuxinxi/caizhengwengao/2017wg/wg201706/201708/t20170818_ 2676160. html，2017 年 4 月 28 日。

[39]《国务院关于强化实施创新驱动发展战略进一步推进大众创业万众创新深入发展的意见》（国发〔2017〕37 号），中华人民共和国中央人民政府网站，http：//www. gov. cn/zhengce/content/2017 - 07/27/content_ 5213735. htm，2017 年 07 月 27 日。

[40]《国务院关于推动创新创业高质量发展打造"双创"升级版的意见》（国发〔2018〕32 号），中华人民共和国中央人民政府网站，http：//www. gov. cn/zhengce/content/2018 - 09/26/content_ 5325472. htm，2018 年 09 月 26 日。

[41]《国务院关于做好当前和今后一段时期就业创业工作的意见》（国发〔2017〕28 号），中华人民共和国中央人民政府网站，http：//www. gov. cn/zhengce/content/2017 - 04/19/content_ 5187179. htm，2017 年 04 月 19 日。

[42]《国务院办公厅关于建设第二批大众创业万众创新示范基地的实施意见》（国办发〔2017〕54 号），中华人民共和国中央人民政府网站，http：//www. gov. cn/zhengce/content/2017 - 06/21/content _ 5204264. htm，2017 年 06 月 21 日。

[43]《人力资源社会保障部关于做好 2018 年全国高校毕业生就业创业工作的通知》（人社部函〔2018〕16 号），中华人民共和国人力

资源和社会保障部网站，http：//www. mohrss. gov. cn/gkml/xxgk/201803/t20180312_ 289571. html，2018 年 03 月 02 日。

[44]《中共中央办公厅国务院办公厅印发关于进一步引导和鼓励高校毕业生到基层工作的意见》，中华人民共和国中央人民政府网站，http：//www. gov. cn/zhengce/2017 -01/24/content_ 5163022. htm，2017 -01 -24。

[45]《国务院关于印发"十三五"促进就业规划的通知》（国发〔2017〕10 号），中华人民共和国中央人民政府网站，http：//www. gov. cn/zhengce/content/2017 - 02/06/content _ 5165797. htm，2017 年 02 月 06 日。

[46]《关于支持返乡下乡人员创业创新促进农村一二三产业融合发展的意见》（国办发〔2016〕84 号），中华人民共和国中央人民政府网站，http：//www. gov. cn/zhengce/content/2016 - 11/29/content _ 5139457. htm，2016 年 11 月 29 日。

[47]《国务院关于整合城乡居民基本医疗保险制度的意见》（国发〔2016〕3 号），中华人民共和国中央人民政府网站，http：//www. gov. cn/zhengce/content/2016 -01/12/content_ 10582. htm，2016 年 01 月 12 日。

[48]《人力资源社会保障部财政部关于做好 2016 年城镇居民基本医疗保险工作的通知》（人社部发〔2016〕43 号），中华人民共和国人力资源和社会保障部网站，http：//www. mohrss. gov. cn/SYrlzyhsh-bzb/shehuibaozhang/zcwj/yiliao/201605/t20160506_ 239541. html，2016 -04 -29。

[49]《国务院关于建立残疾儿童康复救助制度的意见》（国发〔2018〕20 号），中华人民共和国中央人民政府网站，http：//www. gov. cn/zhengce/content/2018 - 07/10/content _ 5305296. htm，2018 年 07 月 10 日。

[50]《民政部关于贯彻落实国务院关于建立残疾儿童康复救助制度的意见的通知》（民函〔2018〕154 号），中华人民共和国民政部网站，http：//www. mca. gov. cn/article/gk/wj/201811/20181100013075. shtml，2018 -11 -21。

[51]《民政部财政部卫生计生委中国残联关于加快精神障碍社区康复服务发展的意见》(民发〔2017〕167号)，中华人民共和国民政部网站，http：//www. mca. gov. cn/article/gk/wj/201711/20171115006658. shtml，2017－10－26。

[52]《民政部关于进一步加强生活困难下岗失业人员基本生活保障工作的通知》(民发〔2019〕6号)，中华人民共和国民政部网站，http：//www. mca. gov. cn/article/gk/wj/201901/20190100014639. shtml，2019－01－18。

[53]《民政部财政部国务院扶贫办关于在脱贫攻坚三年行动中切实做好社会救助兜底保障工作的实施意见》(民发〔2018〕90号)，中华人民共和国中央人民政府网站，http：//www. gov. cn/gongbao/content/2018/content_ 5350057. htm，2018年7月16日。

[54]《民政部财政部关于进一步加强和改进临时救助工作的意见》(民发〔2018〕23号)，中华人民共和国民政部网站，http：//xxgk. mca. gov. cn：8081/n1360/150083. html，2018－01－23。

[55]《国务院办公厅关于制定和实施老年人照顾服务项目的意见》(国办发〔2017〕52号)，中华人民共和国中央人民政府网站，http：//www. gov. cn/zhengce/content/2017－06/16/content_ 5203088. htm，2017年06月16日。

[56]《国务院办公厅关于推进养老服务发展的意见》(国办发〔2019〕5号)，中华人民共和国中央人民政府网站，http：//www. gov. cn/zhengce/content/2019－04/16/content_ 5383270. htm，2019年04月16日。

[57]《保障农民工工资支付工作考核办法》(国办发〔2017〕96号)，中华人民共和国中央人民政府网站，http：//www. gov. cn/zhengce/content/2017－12/12/content_ 5246271. htm，2017年12月12日。

[58]《关于推进工伤认定和劳动能力鉴定便民化服务工作的通知》，中华人民共和国人力资源和社会保障部网站，http：//www. mohrss. gov. cn/gkml/shbx/gsbx/201810/t20181017_ 303058. html，2018－10－17。

[59]《人力资源社会保障部交通运输部水利部能源局铁路局民航局关于铁路、公路、水运、水利、能源、机场工程建设项目参加工伤保险工作的通知》（人社部发〔2018〕3 号），中华人民共和国人力资源和社会保障部网站，http：//www. mohrss. gov. cn/gkml/xxgk/201801/t20180109_ 286275. html，2018 年 01 月 02 日。

[60]《人力资源社会保障部办公厅关于加快推进建筑业工伤保险工作的通知》（人社厅发〔2016〕43 号），中华人民共和国人力资源和社会保障部网站，http：//www. mohrss. gov. cn/gkml/xxgk/201603/t20160331_ 236981. html，2016 年 03 月 24 日。

〔61〕《关于完善集体林权制度的意见》（国办发〔2016〕83 号），中华人民共和国中央人民政府网站，http：//www. gov. cn/zhengce/content/2016－11/25/content_ 5137532. htm，2016 年 11 月 25 日。

〔62〕《关于推进农业水价综合改革的意见》（国办发〔2016〕2 号），中华人民共和国中央人民政府网站，http：//www. gov. cn/zhengce/content/2016－01/29/content_ 5037340. htm，2016 年 01 月 29 日。

[63]《国务院办公厅关于引导农村产权流转交易市场健康发展的意见》（国办发〔2014〕71 号），中华人民共和国中央人民政府网站，http：//www. gov. cn/zhengce/content/2015－01/22/content_ 9424. htm，2015 年 01 月 22 日。

[64]《关于加快推进农业供给侧结构性改革大力发展粮食产业经济的意见》（国办发〔2017〕78 号），中华人民共和国中央人民政府网站，http：//www. gov. cn/zhengce/content/2017－09/08/content_ 5223640. htm，2017 年 09 月 08 日。

[65]《中共中央国务院关于学前教育深化改革规范发展的若干意见》，中华人民共和国中央人民政府网站，http：//www. gov. cn/zhengce/2018－11/15/content_ 5340776. htm，2018 年 11 月 7 日。

[66]《国务院办公厅关于进一步加强控辍保学提高义务教育巩固水平的通知》（国办发〔2017〕72 号），中华人民共和国中央人民政府网站，http：//www. gov. cn/zhengce/content/2017－09/05/content_ 5222718. htm，2017 年 09 月 05 日。

［67］《国务院办公厅关于全面加强乡村小规模学校和乡镇寄宿制学校建设的指导意见》（国办发〔2018〕27 号），中华人民共和国中央人民政府网站，http：//www. gov. cn/zhengce/content/2018 － 05/02/content_ 5287465. htm，2018 年 05 月 02 日。

［68］《国务院办公厅关于进一步调整优化结构提高教育经费使用效益的意见》（国办发〔2018〕82 号），中华人民共和国中央人民政府网站，http：//www. gov. cn/zhengce/content/2018 － 08/27/content_ 5316874. htm，2018 年 08 月 27 日。

［69］《国务院关于统筹推进县域内城乡义务教育一体化改革发展的若干意见》（国发〔2016〕40 号），中华人民共和国中央人民政府网站，http：//www. gov. cn/zhengce/content/2016 － 07/11/content_ 5090298. htm，2016 年 07 月 11 日。

［70］《国务院关于印发国家职业教育改革实施方案的通知》（国发〔2019〕4 号），中华人民共和国中央人民政府网站，http：//www. gov. cn/zhengce/content/2019 － 02/13/content_ 5365341. htm，2019 年 1 月 24 日。

［71］《教育部财政部关于实施中国特色高水平高职学校和专业建设计划的意见》（教职成〔2019〕5 号），中华人民共和国教育部网站，http：//www. moe. gov. cn/srcsite/A07/moe_ 737/s3876_ qt/201904/t20190402_ 376471. html，2019 － 04 － 01。

［72］《教育部关于做好 2019 年普通高校招生工作的通知》（教学〔2019〕1 号），中华人民共和国教育部网站，http：//www. moe. gov. cn/srcsite/A15/moe_ 776/s3258/201904/t20190415_ 378127. html，2019 － 04 － 08。

［73］《教育部办公厅关于做好 2019 年重点高校招收农村和贫困地区学生工作的通知》（教学厅〔2019〕3 号），中华人民共和国教育部网站，http：//www. moe. gov. cn/srcsite/A15/moe_ 776/s3258/201904/t20190408_ 377031. html，2019 － 03 － 29。

［74］《农业农村部财政部发布 2019 年重点强农惠农政策》，中华人民共和国农业农村部网站，http：//www. moa. gov. cn/gk/zcfg/qnhnzc/201904/t20190416_ 6179338. htm，2019 － 04 － 16。

[75]《农业农村部办公厅关于印发农业农村部 2019 年人才工作要点的通知》，中华人民共和国农业农村部网站，http://www. moa. gov. cn/gk/tzgg_ 1/tfw/201903/t20190327_ 6177375. htm，2019 年 3 月 20 日。

[76]师佳英：《惠农政策解读》，云南大学出版社 2017 年版。

[77]李青彦：《云南新型职业农民风采录》，云南科技出版社 2018 年版。

后　记

"中国要强，农业必须强；中国要美，农村必须美；中国要富，农民必须富。""三农"工作不仅关乎亿万农民的福祉，还关乎万千乡村的振兴。党和政府历来重视"三农"工作，每一届中央政府都把发展农业、致富农民、建设乡村放在工作的首位，出台了一系列强农富农政策。随着国家经济实力的不断增强，这些政策不仅越来越好，而且保障力度越来越大，农民在国家的发展进步中有了更多的参与感、获得感和成就感。

本书内容新，收集整理了国家在"三农"方面制定的最新政策；内容全，涵盖乡村振兴、脱贫攻坚、产业扶持、就业民生、社会保障等多个方面，可为读者朋友提供多方面政策指引；易读懂，对每条政策进行了精简浓缩，划出了重点，并用通俗易懂的语言进行解读。本书不仅能帮助农民朋友、农业企业家、青年农场主、返乡创业人员等及时掌握最新的惠农政策，调整经营方向，实现增收致富，而且还能帮助他们及时了解到就业、医疗、教育、扶贫等方面的政策，更好地享受到国家政策红利。

本书主要面向高素质农民（职业农民）、新型经营主体、农业企业家、"村两委"工作人员等，可作为基层农技推广、高素质农民培育（职业农民）、农民素质提升、财政支农惠农政策等方面的培训教材，也可作为农村基层执行国家"三农"政策的参阅读本。

本书在编写过程中查阅了大量的政策性文件和资料，得到了很多朋友的支持与帮助。在此，向这些资料的作者及给予帮助的朋友表示衷心的感谢。

由于编者的水平有限，经验能力不足，书中难免会有遗漏、不足之处，恳请读者予以谅解，并提出宝贵意见。

编　者
2019 年 11 月